GAODENG ZHIYE JIAOYU
LAODONG JIAOYU JIAOCHENG

高等职业教育
劳动教育教程

张政利 主编

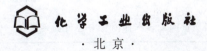

化学工业出版社

·北京·

内容简介

《高等职业教育劳动教育教程》以德、智、体、美、劳"五育"协同发展为目标，从劳动教育的意义、价值、内涵、特点和原则入手，分章介绍劳动创造世界、爱劳动是一种美德、实践出真知、身体是革命的本钱、劳动之美无处不在、打铁需要自身硬，论述劳动教育与其他"四育"的协同促进，着力于劳动实践。

本书可作为高等职业院校劳动课程或劳动教育周的教材，也可作为其他职业教育阶段学生学习和教师授课的参考用书。

图书在版编目（CIP）数据

高等职业教育劳动教育教程/张政利主编.—北京：化学工业出版社，2021.6
ISBN 978-7-122-39801-7

Ⅰ.①高… Ⅱ.①张… Ⅲ.①劳动教育-高等职业教育-教材 Ⅳ.①G40-015

中国版本图书馆CIP数据核字（2021）第168400号

责任编辑：迟　蕾　李植峰　张雨璐
责任校对：边　涛　　　　　　　　　　　　装帧设计：王晓宇

出版发行：化学工业出版社（北京市东城区青年湖南街13号　邮政编码100011）
印　　装：北京京华铭诚工贸有限公司
710mm×1000mm　1/16　印张7¼　字数92千字　2022年4月北京第1版第1次印刷

购书咨询：010-64518888　　　　　　　　　　售后服务：010-64518899
网　　址：http://www.cip.com.cn
凡购买本书，如有缺损质量问题，本社销售中心负责调换。

定　价：29.80元　　　　　　　　　　　　　　　　　　版权所有　违者必究

《高等职业教育劳动教育教程》编写人员

主　　编　张政利
副 主 编　陈德奎　尤长军　张　飒
参编人员　（按姓名笔画排列）
　　　　　王　倩（辽宁农业职业技术学院）
　　　　　尤长军（辽宁农业职业技术学院）
　　　　　孙威峰（河南省驻马店特驱饲料有限公司）
　　　　　张　飒（沈阳农业大学）
　　　　　张政利（辽宁农业职业技术学院）
　　　　　张海涛（辽宁农业职业技术学院）
　　　　　陈晓军（辽宁农业职业技术学院）
　　　　　陈德奎（辽宁农业职业技术学院）
　　　　　郑　旭（华南农业大学）
　　　　　胡小凤（辽宁农业职业技术学院）
　　　　　陶　辰（辽宁农业职业技术学院）
　　　　　鲁忠鑫（辽宁农业职业技术学院）

主　　审　张育松（辽宁农业职业技术学院）

前言
PREFACE

本教材以《中共中央 国务院关于全面加强新时代大中小学劳动教育的意见》为指引，严格按照《教育部教材局关于劳动教育文件解读材料》要求编写，积极促进德、智、体、美、劳"五育"协同发展，并将创新意识和协作意识融入劳动教育中，培养高等职业教育学生工匠精神、劳模精神。

教材从劳动教育意义、价值、内涵、特点和原则入手；分章论述劳动教育与其他"四育"的协同促进，学生可通过每章测评及时了解自己的短板，进而强化训练，从而提高自身综合素养和职业素质，达到劳动精神、劳模精神教育的目的；最后阐述劳动所应具备的基本素质和须具备的协作、创新能力，力求劳动教育的落脚点是劳动实践，避免泛化。本书是由高职院校管理者、思政教师、辅导员和教学一线的骨干教师以及行业企业专家共同参与编写的工学结合教材。

教材由张政利担任主编并负责统稿；陈德奎、尤长军、张飒担任副主编。参加编写人员的分工为：第一章由张政利、陈晓军和张飒编写；第二、三章由陈德奎和王倩编写；第四、五章由尤长军和鲁忠鑫编写；第六章由张政利、张飒编写。河南省驻马店特驱饲料有限公司的孙威峰、华南农业大学的郑旭、辽宁农业职业技术学院的胡小凤、张海涛和陶辰等参与了部分编撰工作。辽宁农业职业技术学院的胡克伟、邹良栋、鲁凤宇和李文一等参与了本书的策划，全书由辽宁农业职业技术学院的张育松审阅。

由于编者水平有限，书中疏漏之处在所难免，恳望同仁不吝赐教，并欢迎各位读者批评指正，谢谢！

编　者
2022 年 2 月

第一章　劳动创造世界　001

第一节　高等职业教育劳动教育的意义与价值　003
一、高等职业教育劳动教育的发展历史沿革　003
二、高等职业教育劳动教育的意义　004
三、高等职业教育劳动教育的价值　005

第二节　高等职业教育劳动教育的内涵　007
一、劳动与劳动教育　007
二、劳动教育的主要内容　008
三、正确认识高等职业教育劳动教育　010

第三节　高等职业教育劳动教育的特征　013
一、时代性　013
二、实践性　013
三、综合性　014
四、适度性　014

第四节　高等职业教育劳动教育的原则　016
一、坚持层次性原则　016
二、坚持理论性原则　016
三、坚持现实性原则　017
四、坚持价值性原则　017

第二章　爱劳动是一种美德　　　　　　　　021

第一节　劳动树德教育概述　　　　　　　023
一、马克思主义劳动观　　　　　　　　　023
二、劳动是中华民族传统美德　　　　　　027
三、弘扬新时代劳模精神和工匠精神　　　030
四、劳动教育对新时代大学生树德的重大意义　　033
第二节　实践案例　　　　　　　　　　　037
第三节　评价　　　　　　　　　　　　　039
一、因素　　　　　　　　　　　　　　　039
二、参考的评价表格与量化指标　　　　　039

第三章　实践出真知　　　　　　　　　　　045

第一节　劳动增智教育概述　　　　　　　047
一、劳动是一切知识的源泉　　　　　　　047
二、劳动可以增长人的智慧　　　　　　　048
三、劳动可以促进智力发展　　　　　　　049
四、劳动可以提高人的技能　　　　　　　051
第二节　实践案例　　　　　　　　　　　053
第三节　评价　　　　　　　　　　　　　054
一、因素　　　　　　　　　　　　　　　054
二、参考的评价表格与量化指标　　　　　054

第四章　身体是革命的本钱　　　　　　　　059

第一节　劳动强体教育概述　　　　　　　061
一、生产劳动中的强体　　　　　　　　　061
二、劳动强体的文化传导　　　　　　　　062

第二节　实践案例　　　　　　　　　　　064
第三节　评价　　　　　　　　　　　　066
　　一、因素　　　　　　　　　　　　066
　　二、参考的评价表格与量化指标　　066

第五章　劳动之美无处不在　　　　　071

第一节　劳动育美教育概述　　　　　　073
　　一、生产劳动是社会赖以生存和发展的基础　　073
　　二、劳动生产对美育的传导　　　　074
第二节　实践案例　　　　　　　　　　078
第三节　评价　　　　　　　　　　　　079
　　一、因素　　　　　　　　　　　　079
　　二、参考的评价表格与量化指标　　079

第六章　打铁需要自身硬　　　　　　085

第一节　劳动需要能力　　　　　　　　087
　　一、劳动能力　　　　　　　　　　087
　　二、劳动需要知识和技能　　　　　088
　　三、劳动需要合作　　　　　　　　090
　　四、劳动需要计划　　　　　　　　094
第二节　劳动需要创新　　　　　　　　097
　　一、创造是劳动的本质　　　　　　097
　　二、创新是劳动的未来　　　　　　099

参考文献　　　　　　　　　　　　　106

第一章
劳动创造世界

导言

　　劳动是人类社会生存和发展的基础,是人维持自我生存和发展的唯一手段。马克思主义认为劳动是人的本质:"一当人开始生产自己的生活资料,即迈出由他们的肉体组织所决定的这一步的时候,人本身就开始把自己和动物区别开来。"劳动既把人同动物区别开,又把人与人类社会同自然界紧密地联系起来。在原始社会和封建社会时期,劳动的任务是农业生产种植,主要用来解决温饱问题,因此,劳动多指体力劳动。然而随着社会政治经济的不断发展,科学技术日新月异,对劳动者的文化素质也提出了更高的要求,劳动变成了体力与脑力劳动相结合的形式。习近平总书记在全国教育大会上指出,"要努力构建德智体美劳全面培养的教育体系,形成更高水平的人才培养体系",并强调"要在学生中弘扬劳动精神,教育引导学生崇尚劳动、尊重劳动,懂得劳动最光荣、劳动最崇高、劳动最伟大、劳动最美丽的道理,长大后能够辛勤劳动、诚实劳动、创造性劳动"。这些重要论述高扬劳动教育的旗帜,丰富发展了党的教育方针,具有重大的时代价值和鲜明的现实针对性,也为高等职业教育提出了新任务和新课题。劳动与教育相结合是我国一贯重视的教育方针。新时代大学生即将步入社会成为劳动者,劳动教育可培养其社会生存能力,并对其自身的全面发展也具有十分重要的意义。

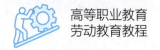

学习目标

- 思想认识：引导和帮助大学生树立正确的劳动观念，培养劳动精神，为大学生实现个人价值和社会价值奠定良好的基础。

- 情感态度：正确认识高等职业教育劳动教育的意义和价值，了解高等职业教育劳动教育的内涵、特点与特征及原则，明确高等职业教育劳动教育的主要内容，包括劳动观念、劳动精神、劳动习惯和劳动技能。

- 能力习惯：提高大学生对劳动教育的理解、认同、确信和践行自觉，增强大学生运用劳动教育的相关理论指导实践的能力、抵御享乐主义等各种错误思想影响的能力。养成劳动习惯，掌握劳动技能。

第一节
高等职业教育劳动教育的意义与价值

一、高等职业教育劳动教育的发展历史沿革

我国高等职业教育劳动教育的历史沿革和劳动教育的发展历程一致。在新中国成立之初,党和国家高度重视劳动与教育的关系,将劳动教育纳入公民教育的公德教育。1954年,党中央、政务院和教育部曾一度提出学校里增设生产劳动课程的必要性,认为劳动教育是政治思想教育的重要内容,于是众多学校根据办学条件开设了劳动教育课程。1956年起,党和国家在教学改革和教学方法上下功夫,不断强化劳动教育和学校各类课程、工矿企业、农村的联系,开展多种形式的劳动教育实践。1957年初,教育部发布的《关于加强中学思想政治教育的几个问题的通知》指出,"劳动教育作为共产主义道德教育的重要内容不可忽视"。1958年9月,中共中央、国务院《关于教育工作的指示》明确强调"教育必须同生产劳动相结合"作为我国教育方针的重要组成内容。1982年,颁布的《教育部关于普通中学开设劳动技术教育课的试行意见》,要求学校培养学生手脑并用的能力,"劳动技术教育"成为学校正式课程。

十八大以来,以习近平同志为核心的党中央高度重视我国教育事业深化与创新发展,并在多次会议和场合指出劳动教育的重要性。2013年9月,教育部发布《关于在全国各级各类学校开展"爱学习、爱劳动、爱祖国"教育的意见》,指出"只有劳动才能创造美好的生活和美好的未来""各地各类学校要组织学生走出校园、走向工厂和田间地头,积极参加劳动体验活动"。2015年7月,教育部、共青团中央、

全国少工委印发《关于加强中小学劳动教育的意见》，提出要充分发挥劳育在德、智、体、美、创新教育中的综合育人功能，在各学科教学中有机融入劳动教育内容，加强劳动观念和态度、动手操作和劳动技能、职业技能的培养，用3～5年时间，构建劳动教育体系，形成全社会普遍重视劳动教育的有利氛围。2020年3月20日颁发的《中共中央国务院关于全面加强新时代大中小学劳动教育的意见》，提出"把劳动教育纳入人才培养全过程，贯通大中小学各学段，贯穿家庭、学校、社会各方面"。2020年7月7日，教育部印发了《大中小学劳动教育指导纲要（试行）》，指出："劳动教育是新时代党对教育的新要求，是中国特色社会主义教育制度的重要内容，是全面发展教育体系的重要组成部分，是大中小学必须开展的教育活动。"

至此，劳动教育作为新时代中国特色社会主义教育制度重要内容的地位得以最终确立。这一时期劳动教育不仅强调工具理性的需求，更强调学生主体自身通过劳动实践，培养劳动情感和劳动价值观，通过回归家庭和日常生活，凸显劳动体验性、成就感和满足感，彰显了劳动教育的价值理性需求。

二、高等职业教育劳动教育的意义

1. 劳动教育构筑中国梦

马克思曾指出："任何一个民族，如果停止劳动，不用说一年，就是几个星期，也要灭亡，这是每一个小孩子都知道的。"坚持劳动教育是马克思主义劳动观的继承和发展，是植根于中国人内心的民族基因，劳动教育直接决定社会主义建设者和接班人的劳动价值取向、劳动精神风貌和劳动素养水平，助推中华民族伟大复兴中国梦的实现。新中国成立以来，我国从一个积贫积弱的国家一跃成为当今世界第二大经济体的强国，这是一代代中国人民用辛勤劳动、诚实劳动、创造性劳动创造的奇迹。当前高等职业教育肩负着培养实现中华民族伟大复兴中国梦接班人的使命，因此劳动教育必须发挥更大的作用。

2. 劳动教育完善育人体系

中国特色社会主义高等职业教育性质决定了培养高素质技能型人才的教育理念。劳动教育是作为实现这一理念的重要组成部分，关系到培养什么人、如何培养人以及为谁培养人的根本问题。加强高等职业教育劳动教育是要引导学生充分认识劳动的价值，深刻理解劳动教育的内涵，培养热爱劳动、尊重劳动者、珍惜劳动成果的情感态度，塑造诚实劳动的优良品德，养成勤于劳动的自觉习惯，涵养创造劳动的青春气魄。因此，有目的、有计划地组织大学生参加生产劳动和服务性劳动，不但能够提高大学生就业择业、适应社会的能力，更有助于培养德智体美劳全面发展的新时代人才，使我国高等职业教育人才培养体系更加完善，加快推进实现教育现代化、建设教育强国的历史进程。

三、高等职业教育劳动教育的价值

1. 劳动教育是落实我国教育方针的基本要求

劳动教育是马克思主义教育思想的核心内容，是新时代党的教育方针的基本要求，是中国特色社会主义教育制度的本质规定，是全面发展教育体系的重要组成部分。马克思高度肯定劳动创造人、创造历史的重要意义，他强调劳动是一切价值的基础，人的全面发展最根本的是人的劳动能力全面发展，即人的智力和体力充分、统一地发展，因此，教育与生产劳动相结合是人全面发展的基本途径。新时代的劳动教育是基于塑造人、培养人、发展人的教育，是有目的、有计划地运用多种多样的劳动实践方式，实现教育价值的活动。加强劳动教育，培养热爱劳动、热爱人民的社会主义事业建设者和接班人，是我国教育方针的基本要求，也是我国高等职业教育应当高度重视的时代性课题。

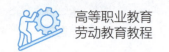

2. 劳动教育是落实立德树人根本任务的有效载体

习近平总书记在全国教育大会上强调"要把立德树人融入思想道德教育、文化知识教育、社会实践教育各环节",明确提出"培养德智体美劳全面发展的社会主义建设者和接班人"。劳动教育与德育、智育、美育、体育等具有同样重要的作用,"五育"在立德树人工作中各占其位,各具特点,各负重任。一方面,劳动教育是立德树人的重要载体。在劳动实践中挖掘思政教育资源、引入思政教育机制、开展思政教育活动,能够达到"树人"的重要目标,即培养学生成为全面发展的社会主义建设者和接班人。另一方面,劳动教育是立德树人的基本内容,是高等职业教育的立身之本、生存之基。劳动教育作为"五育"之一,应该与德智体美育相辅相成、相互促进,共同形成"五育"并举的全面发展的教育体系,以劳动教育筑牢立德树人的根基。

3. 劳动教育是实现个人全面发展的重要途径

大学是青年学习专业知识和技能的重要时期,也是世界观、人生观、价值观形成的关键时期。处于"拔节孕穗期"的大学生需要正确引导和精心栽培。从步入大学校园那一刻起,大学生身上时刻贴着各式各样的专业标签。除了公共基础课外,高等职业院校的学生在日常学习甚至是就业中被"专业化"。但是在当前多元化社会下,需要的人才是具备多方面知识和技能的,而这些知识和技能都需要通过劳动实践而获得。通过劳动教育,可以让学生将所学知识和技能运用于实践,同时,劳动实践的过程也是对所学知识的检验过程。这一过程,有利于学生在劳动教育的实践中树立正确的劳动观念,掌握劳动知识与技能,增进对劳动与劳动人民的认同感,弘扬积极的劳动精神,这是当代大学生个人成长成才不可或缺的。此外,劳动教育具有滋养品德、增进技能、强健体质、化育审美的作用。学生通过劳动教育感悟劳动真谛、重视劳动价值,以实现自我和社会价值,成为新时代全面发展的高素质技术技能型人才。

第二节
高等职业教育劳动教育的内涵

一、劳动与劳动教育

1. 劳动的基本内涵

劳动是人类的本质特征,是创造社会物质财富和精神财富的根源,是推动社会进步的根本力量。《现代汉语词典》中对劳动的解释有三个:一是人类创造物质或精神财富的活动,二是专指体力劳动,三是进行体力劳动。可以看出,我国对于劳动的概念的理解在一定程度上是偏重体力劳动。马克思将劳动解读为:"劳动首先是人和自然之间的过程,是人以自身的活动来中介、调整和控制人和自然之间的物质交换的过程。"从这里可以看出劳动的本质是人和自然之间某种互动交换的过程。劳动是人类的本质特征,是创造社会物质财富和文化财富的根源。这阐述了劳动与人类和社会之间的关系,即劳动是人类所独有的,可以创造社会并且使社会发展的一种活动。因此,劳动是指人们有目的有意识地运用体力和智力改造客观事物的活动,也就是一种体力劳动和脑力劳动相结合的实践活动。

2. 新时代的劳动教育

劳动教育不单是指向学生传授现代生产的基本技能,还包括使学生树立正确的劳动观点和态度,养成热爱劳动、热爱劳动人民的思想品格,培植良好的劳动习惯,懂得尊重并且珍惜劳动成果。当前中国特色社会主义已经进入新时代,我国社会主要矛盾已经转化为人民日

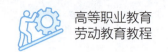

益增长的美好生活需要和不平衡不充分的发展之间的矛盾。因此，新时代的劳动教育将成为国民教育体系的重要内容，是学生成长的必要途径，具有树德、增智、强体、育美的综合育人价值。实施劳动教育重点是在系统的文化知识学习之外，有目的、有计划地组织学生参加日常生活劳动、生产劳动和服务性劳动，让学生动手实践、出力流汗，接受锻炼、磨炼意志，培养学生正确的劳动价值观和良好的劳动品质。最终目的是要实现人的全面发展。

二、劳动教育的主要内容

劳动教育，顾名思义，是指以"劳动"为核心的教育。在整个学校教育工作之中有着重要地位。劳动教育的主要内容包括劳动观念、劳动精神、劳动习惯、劳动技能和实践创新。

1. 劳动观念

劳动观念是指人们对劳动的认识和看法，它主要通过对劳动进行多方面的综合了解，进而促使人们形成一种对劳动的总体认识。劳动观念是决定劳动行为的前提条件。积极向上的劳动观念，可以指导人们做出正确的劳动行为，而错误的观念则会导致很多问题的产生，不利于学生的身心健康成长。引导大学生树立正确的劳动观念，首先要确定劳动创造了人本身，劳动创造了人类社会，并且推动了社会发展的理念。劳动是人类所特有的、区别于动物的最基本的社会实践活动，是一切财富的源泉，是社会文明进步的动力。大学生只有树立正确的劳动观，才会热爱劳动和珍惜世界上的一切劳动成果，才会主动积极地接受劳动，从心底里尊重劳动和劳动者。

2. 劳动精神

劳动精神是人们所表现出来的对于劳动的一种积极接受的态度，它无惧于劳动过程中的苦累和各种困难，认为都可以通过自己的努力去克服，具体表现为一种对劳动热爱的坚定不移的意志力。热爱劳动、勤劳勇敢、艰苦奋斗是中华民族的传统美德，正是因为有着辛勤劳作的一代又一代默默无闻而又伟大的劳动人民，才铸就了我国五千年的辉煌文明。新时代我国面临着新的改革发展任务，大学生作为社会主义的建设者和接班人，是祖国的未来、民族的希望，因此我们要让这种精神在新的历史时期发扬光大，培养吃苦耐劳、自强不息的劳动精神，这种劳动精神是新时代公民必备的素质之一。

3. 劳动习惯

新时代的大学生成长在信息化、智能化的社会环境以及被父母宠爱的家庭环境下，从而导致部分学生缺少劳动、不会劳动、也不爱劳动。劳动习惯缺乏现象体现在大学生生活的很多方面，如不珍惜劳动成果、公共卫生清洁意识差、浪费粮食和各种资源、学习上缺乏刻苦钻研的精神等等。因此，要加强大学生劳动习惯养成教育，不管是体力劳动还是脑力劳动，要让劳动作为学生的基本习惯，形成一种自觉的行为。

4. 劳动技能

劳动技能教育是指培养大学生学会基本的劳动生产技能的教育，劳动技能教育的目的是为社会输送所需的劳动人才。所以掌握相应的专业技能仍然是当今社会的需要，高校对大学生进行劳动教育也基本上以劳动技能教育为主。通过对相关资料进行搜集查阅，发现目前我国大学中的劳动技能教育形式主要有以下三种：一是劳动教育结合校内的专业课，主要表现为让学生自己动手来制作完成课程设计、毕业设计、见习等来增长大学生的劳动技能；二是结合校外的劳动实践活动促进学生劳动技能的提升，主要形式有社会公益活动、社会生产劳动和其他社会实践类活动；三是职业院校的学生在学习专业技能的同时即完成了劳动技能教育。

5. 实践创新

创新是一个民族进步的灵魂，是一个国家兴旺发达的不竭动力，创新在劳动中无处不在，创新性劳动既是在劳动中创造新事物、新方法、新理论和不断开辟劳动应用范围的活动，也是进行新发现、新发明，创造新技术、新工艺的活动，还是开发新产品和开辟新市场的活动。大学生作为祖国的未来应该积极承载创新性劳动的责任，不断开拓新的活动领域、冲破常规、捕捉新的机遇，进行创新和创造，推动中华民族这艘巨轮扬帆远航。

三、正确认识高等职业教育劳动教育

大学生是未来的劳动力，劳动锻炼是提升其劳动力水平的必然选择。人与人在劳动过程中或劳动之余开展生产技能、技术、知识、道德规范、习惯礼俗、人际关系等经验传递活动，劳动者之间因经验传递既是教育者，又是受教育者，彼此增进了知识和技能，影响着彼此的思想观念。

1. 劳动教育助修人性美德

人在劳动中结成社会关系，掌握和发展社会道德，古今中外皆赞美和肯定辛勤劳动，痛恨和鞭挞不劳而获，将劳动作为道义，将勤劳视为美德。高等职业教育劳动教育能有效帮助学生修养美好品德，具体表现在三个方面：第一，有助于学生明爱国为民之"大德"。学生通过劳动实践的感受和劳动精神的感染，能更加深刻体会国家从一穷二白到繁荣昌盛都是由人民的辛苦付出创造出来的，从而树立热爱祖国、全心全意为人民服务的大德意识。第二，有助于学生守文明礼貌、遵纪守法之"公德"。通过亲身劳动，学生能更加懂得尊重每一位劳动者，珍惜每一份劳动成果。第三，有助于学生严于律己之"私德"。学生通过劳动实践能深刻地体会劳动的辛苦，体悟只有辛勤付出、坚持不懈才能有所收获，能让学生更懂得珍惜学习时间，去除懒惰之欲、享受之欲和功利之欲，养成慎思笃行、勤学苦干、严于律己的良好私德。

2. 劳动教育助增人生之智

人们可以通过劳动获取知识、积累知识，也可以运用所学知识在劳动实践中主动思考、优化知识。劳动教育促进大学生智力发展主要表现在两个方面：一方面，通过劳动教育能让学生更多更深更好地学习知识与技能，进而增加人生智慧。不同的劳动实践蕴含着不同的劳动知识和技能，高等职业院校学生通过参与专业技能的学习实践可收获不同的技能知识，进而开拓思维和启发智慧。另一方面，通过劳动教育可以激发学生勤于思考，培养科学分析、创造性解决问题的能力。高等职业教育开展劳动教育的根本目的是让学生在劳动实践中更加深化对所学知识、技能的认识和思考，通过运用自己所积累的知识更好地在劳动实践中分析问题、解决问题，最终能够达到创新。

3. 劳动教育助强健康之体

劳动是人们增强体质，获得健康之体的重要方式和有效途径，这里的劳动主要侧重于生产类的体力劳动。人体的健康主要包括两个方面。一是身体方面，当今社会由于信息化、智能化的发展，人们从以往繁重的体力劳动中逐渐解脱出来，取而代之的是更多信息化、技术化等便利性操作，这也因此大大节约了人们的体能付出，但同时也助长了人们的懒惰之气，造成了诸多身体健康问题。特别是对于高等职业院校学生而言，开展劳动教育能够有效地让学生走出寝室，通过劳动实践让学生活动四肢肌肉、增强体能体质，从而获得健康的身体。二是精神方面，年轻人易受社会懒惰和安逸之气的影响，在学习、生活中表现出消极、怠慢的精神状态。开展劳动教育，不仅可以积极引导学生培养勤劳的品质，而且还能使大学生通过劳动实践进行情感释放，从而获得健康的心理。

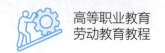

4. 劳动教育助育身心之美

马克思在《1844年经济学哲学手稿》中明确指出："劳动创造了美"，认为人类无论是对劳动工具的改进、还是在劳动过程中所遵循的规律或目的追求，以及所创造出的劳动产品，其内都蕴含着美。因此，劳动教育也成为孕育学生身心之美的根本来源。首先，高校劳动教育可以积极规范学生对美的正确认知。劳动教育可以让学生更加深刻认知美的内在含义，通过劳动实践切身感受劳动中所蕴含的知识美、敬业美、坚守美、奉献美等更多内在美，建立只有内在美才是真正美的正确审美观。其次，可以有效引导学生对美的科学追求。高校通过劳动实践可以让学生深刻认识无论是涉及人类衣、食、住、行的美好物质生产，还是有关文艺审美的精神文化，都要通过诚实劳动才能创造，突出了只有劳动才是创造一切美好的科学之法。再次，高校劳动教育为培养学生身心美提供了宽广的发展空间。高校通过积极开展形式各样的劳动实践，不仅在身体上让学生养成身体力行、勤于劳动的良好习惯，而且在心理上也会使学生更加注重对内在气质美、精神美和心灵美的培养。

第三节
高等职业教育劳动教育的特征

新时代的高等职业教育就是坚持"立德树人",培养德才兼备、全面发展的高素质劳动者,劳动教育既是促进人全面发展的必要条件,也是最基本最有效的途径。新时代高等职业教育劳动教育的基本特征是其时代性、实践性、综合性和适度性。

一、时代性

高等职业教育劳动教育是以劳动为基础,而劳动的形式与方法随着技术的变迁具有多样化的特点,这种多样性是劳动教育时代性的反映。高等职业教育劳动教育并非简单意义上的"谋生教育",而是包括道德、意志、情感培育在内的智力与体力劳动教育的综合,教育要符合时代性的要求。时代性要求高等职业教育劳动教育要做到"顶天立地",即劳动教育应当体现时代发展方向,劳动教育必须适应社会现实。

二、实践性

高等职业教育劳动教育就是按照"教育与生产相结合"的原理,坚持知行统一,在劳动过程中逐步完成劳动教育的目标,实践性是劳动教育的基本特征。劳动教育的主要活动形式,包括日常性劳动、社会实践或者体验性劳动、顶岗实习或者企业跟岗学习等,是基于实践的教育活动。因此,高等职业教育的劳动教育要纳入人才培养整体实践教学环节,同时要注重理论教学与实践教学的比例,以确保劳动教

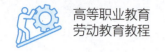

育的效果。

三、综合性

大学劳动是多方面的，既反映劳动演变的历史性，又反映劳动现状的横断面。大学劳动教育，既是"五育"的一个方面，同时又能兼"五育"而有之，而且在更高层次、更大程度上吸纳了德、智、体、美诸方面。劳动教育不仅要培育和养成学生的劳动观念、态度、知识和技能，而且还要开展与劳动相关的身体锻炼、心理健康、劳动审美等教育，劳动教育的教育性正是通过其综合性体现出来的。因此，劳动教育中的"劳动"与生产劳动既有联系又有区别，劳动教育不能简单地理解为在生产劳动中接受教育，而是以"劳动"为手段提升自己的综合素质，以弥补大学生在心理或者能力方面可能存在的缺陷，促进自身的全面发展。马克思在论述劳动与协作、劳动与集体力生成的关系时说过："许多人在同一生产过程中，或在不同的但互相联系的生产过程中，有计划地一起协同劳动，这种劳动形式叫作协作。""这里的问题不仅是通过协作提高了个人的生产力，而且是创造了一种生产力，这种生产力本身必然是集体力。"

四、适度性

劳动教育要切合大学生的生理心理特点，遵循教育教学规律，做到劳动教育强度适当，劳动教育内容适宜。大学教育是培养"德智体美劳"合格的高素质人才，"五育"都是人才培养体系的重要组成部分，不可偏颇。劳动教育在强度上要适当，强度太弱则达不到教育目标，强度太大则影响其他教育目标实现，并可能形成学生对劳动教育的疲劳感或者对立情绪。劳动教育的内容要切合学生的生活以及专业学习的实际，使学生在劳动教育过程中能够享受和珍惜自己的劳动成果，从而形成一种责任感。

基于上述基本特征，新时代的高等职业教育劳动教育可以在坚持学生本位、注重知行耦合、坚持德育导向、凝练教育特色等方面形成自身的推进原则。坚持学生本位就是以学生为中心，设计或规划劳动教育内容，让学生主动参与劳动教育全过程，通过师生的情感交流，激发学生劳动中的主动性和积极性，达到劳动教育的效果；注重知行耦合就是坚持理论教学与实践教学相结合，加强劳动教育的实践教学环节，注重依托劳动教育实践基地，以项目为牵引，开展劳动教育活动；坚持德育导向就是要按照"德技双馨"原则，提升学生的道德品德和综合素质，通过劳动教育锻炼学生的吃苦耐劳精神和热爱劳动、尊重劳动成果的情感，同时培养劳动技能；凝练教育特色就是要因地制宜、因时制宜地开展劳动教育，结合新时代高等职业教育的发展趋势以及高校自身的办学特色，面向区域经济社会发展，有针对性地开展相应的劳动教育引导课，从而形成自身的教育特色。

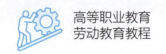

第四节
高等职业教育劳动教育的原则

一、坚持层次性原则

劳动教育要针对不同群体的认知特点和需要，满足其发展的需求，这样才能有效地促进理论转化为实践。大学生作为新时代青年，他们思维活跃、行动力强，这些身心发展特点决定了大学生对于劳动的认知有别于中小学生，因此高等职业院校在开展劳动教育时要注意遵循大学生的认知规律，在教育内容和教育方法上进行分类选择和精准考察，结合大学生的认知特点有针对性地设计与实施。一方面，加强对高等职业院校学生的马克思主义劳动观教育，引导学生树立正确的劳动价值观。另一方面，要满足高等职业院校学生对劳动教育的不同需求，根据专业学科进行分类设计，使其充分认识到劳动对未来发展的重要作用，实现个人的全面发展。

二、坚持理论性原则

开展劳动教育，要强化劳动教育话语的学理深度。高等职业院校在开展劳动教育时，不仅要在情感上具有深厚的感召力，还要在理论上具有深刻的说服力，帮助大学生形成科学的劳动理性认知，促使学生由自发性劳动行为向自觉性劳动行为转变。此外，高等职业院校学生是具有一定独立思考能力和主体意识的教育对象，他们的思维方式和认知水平要求教师在开展劳动教育时，不能只是一味地简单说教，而应上升到系统的理论学习层面，用真理的力量来感召学生，以深厚的理论底蕴说服学生。只有从理论上深刻分析劳动的重要性和挖掘劳动的价值意蕴，才能使劳动教育真正地内化于心、外化于行。

三、坚持现实性原则

我国已进入中国特色社会主义新时代，社会生产领域正在经历着深刻的变革重组，思想文化领域也呈现出多元复杂的状况，传统思想和外来思潮的碰撞、选择和交互，在这个阵痛的过程中也产生了一些现实问题，这些问题导致社会中慢慢滋生了不劳而获、投机取巧、贪图享乐等错误思想，弱化了大学生的劳动奋斗精神，影响大学生树立正确的劳动价值观。因此，高等职业院校在开展劳动教育时，需要直面学生的现实困惑并对其进行学理性分析，通过弘扬劳动精神、讲述身边的劳动榜样等方式，帮助学生摆脱思想误区，重新树立正确的劳动观，进一步筑牢劳动教育根基。

四、坚持价值性原则

在当下高等职业教育的劳动教育中，劳动教育的育人价值体现不足，工具理性凸显。劳动教育指向外部世界的手段性目的超越了人的发展和自我完善的根本宗旨，逐步演化成了劳动教育的唯一准则。这种工具性的劳动教育更多的是解决个体的谋生问题，但在教育过程中，使学生丧失了自我的主体性，忽视了促使大学生个人价值实现和确证自我本质力量层面的价值功能。劳动作为人最基本的实践活动，是人生存和发展的必要基础，同时也是人存在价值的确证。高等职业院校在开展劳动教育时，要把握育人导向，结合学生成长环境的变化，更新劳动教育观念，使学生真正理解劳动的本质意蕴，摒弃仅仅将劳动视为谋生手段的工具性思想，从而在劳动中找寻自己存在的价值意义。

知识拓展

习近平总书记关于"劳动"的金句

1. 劳动模范是民族的精英、人民的楷模，是共和国的功臣。

——2013年4月28日，习近平在同全国劳动模范代表座谈时的讲话

2. 社会主义是干出来的，新时代也是干出来的。

——2018年4月30日，习近平回信勉励中国劳动关系学院劳模本科班学员

3. 建设知识型、技能型、创新型劳动者大军，弘扬劳模精神和工匠精神，营造劳动光荣的社会风尚和精益求精的敬业风气。

——2017年10月18日，中国共产党第十九次全国代表大会

4. 幸福不会从天降，美好生活靠劳动创造。

——2016年4月26日，习近平在安徽合肥同知识分子、劳动模范、青年代表座谈时的讲话

5. 劳动模范是劳动群众的杰出代表，是最美的劳动者。

——2016年4月26日，习近平在安徽合肥同知识分子、劳动模范、青年代表座谈时的讲话

6. 劳动没有高低贵贱之分，任何一份职业都很光荣。

——2016年4月26日，习近平在安徽合肥同知识分子、劳动模范、青年代表座谈时的讲话

7. 让劳动光荣、创造伟大成为铿锵的时代强音。

——2015年4月28日，习近平在庆祝"五一"国际劳动节暨表彰全国劳动模范和先进工作者大会上的讲话

8. 我们的根扎在劳动人民之中。

——2015年4月28日，习近平在庆祝"五一"国际劳动节暨表彰全国劳动模范和先进工作者大会上的讲话

9. 劳动是一切成功的必经之路。

——2014年4月30日，习近平在乌鲁木齐接见劳动模范和先进工作者、先进人物代表并同他们座谈时强调

10. 必须牢固树立劳动最光荣、劳动最崇高、劳动最伟大、劳动最美丽的观念，让全体人民进一步焕发劳动热情、释放创造潜能，通过劳动创造更加美

好的生活。

——2013年4月28日，习近平在同全国劳动模范代表座谈时的讲话

11. 劳动是财富的源泉，也是幸福的源泉。

——2020年11月24日，习近平在全国劳动模范和先进工作者表彰大会上的讲话

 ———————— **课后思考**

一、思考题

1. 作为新时代高等职业院校学生，应该如何看待劳动教育？
2. 你认为高等职业院校学生如何通过劳动来提升自己的综合素质？

二、结合生活实际，寻找并分享你身边的劳动榜样。

第二章
爱劳动是一种美德

导言

  2018年9月10日，习近平总书记在全国教育大会上发表重要讲话，强调：培养德智体美劳全面发展的社会主义建设者和接班人，加快推进教育现代化、建设教育强国、办好人民满意的教育；要在学生中弘扬劳动精神，教育引导学生崇尚劳动、尊重劳动，懂得劳动最光荣、劳动最崇高、劳动最伟大、劳动最美丽的道理，长大后能够辛勤劳动、诚实劳动、创造性劳动。劳动教育在高职院校立德树人教育体系中和学生优秀道德品质养成上都起着十分重要的作用。

> **学习目标**

- 思想认识：正确理解马克思主义劳动观，继承和发扬爱劳动这一中华传统美德；充分认识劳动的重要性及劳动对个人品德养成的重要作用，树立劳动精神，自觉向劳动模范和大国工匠学习，努力成为德智体美劳全面发展的社会主义事业建设者和接班人。

- 情感态度：崇尚劳动、尊重劳动，懂得劳动最光荣、劳动最崇高、劳动最伟大、劳动最美丽的道理；培养"懂农业、爱农村、爱农民"的"大国三农"情怀，增强学生服务农业农村现代化、服务乡村全面振兴的使命感和责任感，培养知农爱农创新人才。

- 能力习惯："实践出真知""劳动创造财富"。脚踏实地学好专业技术，提高专业技能，通过辛勤劳动和科技创新创造更多的社会财富，为实现中华民族伟大复兴中国梦作出自己应有的贡献。

第一节
劳动树德教育概述

一、马克思主义劳动观

劳动,从原始社会到现在都是人类文明传承的重要工具和文化结晶,马克思主义劳动观向我们揭示了人与人之间真实的劳动关系。

1. 马克思、恩格斯关于劳动的论述

马克思主义全部理论在于唯物史观和剩余价值的提出,而劳动是马克思主义理论的中心范畴,唯物史观是唯物的劳动历史论,剩余价值是劳动的价值论。马克思强调:"劳动是人类生存的永恒自然条件""体力劳动是防止一切社会病毒的伟大的消毒剂"。恩格斯指出:"历史破天荒第一次被置于它的真正基础上;一个很明显的而以前完全被人忽略的事实,即人们首先必须吃、喝、住、穿,就是说首先必须劳动,然后才能争取统治,从事政治、宗教和哲学等,——这一很明显的事实在历史上的应有之义此时终于获得了承认。"这些经典话语揭示了唯物史观是从劳动出发解释历史的科学理论。唯物史观在劳动发展史中找到了人类终极存在的意义,劳动创造和改造了人类的生存世界,包括自然世界和社会世界。唯物的劳动史观揭示了从猿到人的转变是劳动创造了人本身,劳动见之于人类社会如水对于鱼的意义所在,没有劳动就没有人类社会。

马克思指出,生产劳动是人类存在的基础。但是劳动发展到资本主义社会,"物的世界的增值同人的世界的贬值成正比。劳动生产的不仅是商品,它还生产作为商品的劳动自身和工人,而且是按它一般

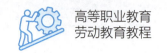

生产商品的比例生产的"。从原始的手工劳动到现代的机器生产劳动，马克思看到了劳动在资本主义社会中产生的问题即劳动异化：人与人的劳动关系常常被表面的经济关系掩盖住了，人与人的关系变成了物与物的关系，人在社会实践中应当处于主体地位，为了生活却将劳动力作为商品出卖给了资本家，在生产实践中被物给奴役了，建立在劳动者自己身上的私有制会使得劳动者一无所有，将全部的财富转移到了资本家的手里。"对于通过劳动而占有自然界的工人来说，占有表现为异化，自主活动表现为替他人活动和表现为他人的活动，生命的活跃表现为生命的牺牲，对象的生产表现为对象的丧失，即对象转归异己力量、异己的人所有。"马克思所指出的劳动异化可以理解为两个方面的异化，即人的外部异化和人自身内部的异化。

外部异化可以从根源上破除这种资本主义社会制度，消灭分工，消灭私有财产，人不会为这种制度而麻木地、僵化地进行劳动生产。内部异化则需要从人本身的各个方面来使异化劳动变为自由自觉的劳动，将人们埋藏在身体内部的劳动本能发掘出来，这样的"自由自觉"的劳动是纯粹的，是发自内心的、愿意进行的劳动生产。马克思提出了解放劳动的要求，劳动不应当是令人厌恶的、强制的劳动，劳动应当是人的生命本质的体现，是发自内心的自由自觉的劳动，人不能为了生活而出卖自己的劳动，要反对有产者的阶级压迫，无产阶级组织带领劳动群众进行劳动解放，还劳动一个真实的"面貌"。"在共产主义社会里，任何人都没有特殊的活动范围，而是都可以在任何部门内发展，社会调节着整个生产，因而使我有可能随自己的兴趣今天干这事，明天干那事，上午打猎，下午捕鱼，傍晚从事畜牧，晚饭后从事批判……""这个新社会的国际原则将是和平，因为每一个民族都将有同一个统治者——劳动！"马克思指出未来社会的劳动是一个共同占有生产资料并消灭异化的劳动，劳动恢复了其本来的面目，实现了自身的回归，实现这种劳动的措施就是生产资料共同占有，这是一种理想状态的劳动回归。列宁发展了马克思恩格斯的观点，他认为在社会主义改造完成之后，人们共同占有生产资料。由于消灭了剥削的基础，劳动真正实现了集体联合劳动；劳动不再是被迫的劳动，而是一种自觉的劳动；劳动的目的不再是为资本家发财致富，而是为自己的劳动；劳动不再是一种苦役，而是一种享受。

马克思主义劳动观提供了新时代社会主义核心价值观中劳动思想的历史借鉴和时代价值。马克思对劳动现实进行阐述，并告诉当时的人们在资本主义统治时期工人是如何地被资本麻木地奴役，工人的劳动产生的财富被资本家无情地占有，支付给工人的工资也只不过是从榨取工人的剩余价值中的少得可怜的一部分而已，雇佣劳动使得工人一贫如洗。马克思主义劳动观是当时被资本主义社会所蒙蔽、僵化的人的"一剂良药"。马克思主义劳动观给人们揭示了无情的现实，并提供了未来社会建设的正确的理论指导，有其时代性的理论精华，给予了新时代社会主义核心价值观劳动思想的理论前提。劳动对于马克思主义来说是"太阳"，是中心范畴，所以劳动见之于唯物史观是劳动历史观，见之于剩余价值就是劳动价值论，劳动贯穿于马克思主义理论中，具有自己的历史发展形态。社会主义核心价值观作为马克思主义中国化的重要组成部分，马克思主义劳动观也是中国特色社会主义核心价值观的中心范畴。中华民族重新回顾经典，强调劳动的重要性，鼓励当代人们要树立正确的劳动观，同时吸取马克思主义劳动观的精华，结合中国现实实际以及新时代的劳动观来面对新的挑战。学习和借鉴当时马克思揭示问题，解决问题的方法，学会总结经验，把握历史规律，增强解决新时代出现的问题的信心，活学活用马克思主义劳动观的理论。

2. 习近平关于劳动的论述

中国共产党是以马克思主义为指导的政党，在其历史发展进程中，继承和发展了马克思主义劳动观。特别是中国特色社会主义进入新时代以来，习近平总书记一直尊重劳动、关心劳动者，他在多个场合、多次对劳动和劳动观进行了深刻阐述。

党的十八大以来，习近平总书记每年"五一"都会向劳动者致以

节日的问候。2013年的"人民创造历史,劳动开创未来"。2014年的"劳动,是共产党人保持政治本色的重要途径,是共产党人保持政治肌体健康的重要手段,也是共产党人发扬优良作风、自觉抵御'四风'的重要保障"。2015年的"中华民族是勤于劳动、善于创造的民族。正是因为劳动创造,我们拥有了历史的辉煌。也正是因为劳动创造,我们拥有了今天的成就。"2016年的"劳动没有高低贵贱之分,任何一份职业都很光荣"。2017年的"要充分发挥青年的创造精神,勇于开拓实践,勇于探索真理"。2018年的"社会主义是干出来的,新时代也是干出来的"。2019年的"用勤劳的双手和诚实的劳动创造美好生活"。再到2020年4月30日回信郑州圆方集团职工时指出的"伟大出自平凡,英雄来自人民"和强调的"弘扬劳动精神,克服艰难险阻,在平凡岗位上续写不平凡的故事"。总书记的劳动观既对马克思主义劳动观充分继承吸收,又立足时代特征、中国特色、民族特质,不断与时俱进、丰富创新。其集中性的表达,就是总书记在2018年作出的经典论断:"劳动最光荣、劳动最崇高、劳动最伟大、劳动最美丽"。

习近平总书记在党的十九大报告中指出:"人民是历史的创造者,是决定党和国家前途命运的根本力量。"历史反复证明,人民群众是历史发展和社会进步的主体力量,是先进生产力和先进文化的创造主体。人民群众用劳动创造了人类历史。马克思、恩格斯认为,物质生产是"一切历史的基本条件",有了人类的劳动,才有满足人类生存必需的前提,才产生了生活和历史。人民群众不仅是物质财富和精神财富的创造者,而且是变革社会制度、推动历史发展的决定性力量。从唯物史观和劳动哲学层面,习近平总书记深刻阐释了人民的主体地位,科学阐明了人民劳动创造历史的重要意义,指出"劳动是推动人类社会进步的根本力量""人民是历史的创造者,人民是真正的英雄"。这些观点全面把握了人民、劳动与历史发展、时代进步的内在逻辑,与马克思主义既一脉相承又与时俱进。

功崇惟志,业广惟勤。习近平总书记指出"幸福不会从天而降,梦想不会自动成真""幸福都是奋斗出来的""世界上没有坐享其成的好事,要幸福就要奋斗"。这是习近平总书记在新时代为开启新征程、实现新目标而向全体劳动者发出的奋斗召唤。

实现每个人的梦想需要奋斗。中国梦是每一个人的梦,新时代是奋斗者的时代。对于个人和家庭而言,美好的生活不可能自动生成,幸福离不开锲而不舍、驰而不息地艰苦奋斗。在人的一生中,青春时期是敢于有梦、勇于追梦、勤于圆梦的最好阶段。无数人生成功的事实表明,青年时代,选择吃苦也就选择了收获,选择奉献也就选择了高尚。只有进行了激情奋斗的青春,只有进行了顽强拼搏的青春,只有为人民作出了奉献的青春,才会留下充实、温暖、持久、无悔的青春回忆;只有奋斗的人生才称得上幸福的人生!

实现中华民族伟大复兴需要奋斗。人类的美好理想,不可能唾手可得,离不开筚路蓝缕、手胼足胝的艰苦奋斗。近代以来,实现中华民族伟大复兴成为中华民族最伟大的梦想,中国人民以光复旧物的决心、自立于世界民族之林的能力,为实现这个伟大梦想进行了多年的持续奋斗。今天,我们比历史上任何时期都更接近、更有信心和能力实现中华民族伟大复兴。习近平总书记强调:"中华民族伟大复兴,绝不是轻轻松松、敲锣打鼓就能实现的。全党必须准备付出更为艰巨、更为艰苦的努力。"只要13亿多中国人民团结努力、不懈奋斗,就一定能实现中华民族伟大复兴!

二、劳动是中华民族传统美德

劳动是一种美德。中华民族是一个崇尚劳动的民族,千百年的历史发展中有着无数热爱劳动、崇尚劳动,依靠劳动改造自然、征服自然的感人故事,正因为如此,中华民族被冠以勤劳民族的美誉,形成了中华民族伟大的劳动精神。

对于人类社会劳动的认知和热爱,在中国古代经典著作中多有论及。《大戴礼·武王践阼·履屦铭》中写道:"慎之劳,劳则富。"强调的是财富和劳动的关系。自古以来，对劳动的肯定和赞美都是中国传统文化的重要内容。《尚书·周官》中写道："功崇惟志，业广惟勤。"《鹤林玉露》中写道："民生在勤，勤则不匮……是勤可以免饥寒也。"意思是人们的生计在于勤劳，勤劳就不会缺乏衣服与食物，勤劳能够让人避免饥饿与寒冷。先秦儒家关注的是一种"礼制"，而不是使用价值层面的劳动致富，也不是精神价值层面的劳动快乐，是一种自然分工的"伦理化"，为中国古人构建了一种脱离田间生产的劳动价值理论；后世儒家分离了"劳"和"思"两个概念。正如孟子所言："劳心者治人，劳力者治于人。"荀子在《天论》中所说："强本而节用，则天不能贫。"表达了对勤劳耕作和勤俭节约的认同。墨家是劳动者的学派，主张"兼爱、非攻、尚贤"，它是以劳动为本位的积极性劳动伦理的范式，是劳动和知识的有机结合。《墨子·非乐上》说："民有三患：饥者不得食，寒者不得衣，劳者不得息，三者民之巨患也。"《墨子·非命下》说，"必使饥者得食，寒者得衣，劳者得息"。这是中国社会福利、劳动保障思想的萌芽。墨家思想兼容并蓄，形成了中国先进文化的必要成分，是民族振兴、国家进步的精神力量。《清仁宗味余书室全集》第35卷《故一·民生在勤论》中写道："农夫不勤则无食；桑妇不勤则无衣；士大夫不勤则无以保家。"意思是农民不勤劳就没有吃的，采桑养蚕的妇女不勤劳就没有衣服穿，士大夫不勤劳就无法贡献国家。佛、道两家对于劳动和农业持消极态度，法儒两家主张繁衍人口，认为劳动力是发展生产的根本保证，孟子曾提出"民为贵，社稷次之，君为轻"的重民思想，经过长期的文化大融合，儒、释、道、墨、法等多家思想互相渗透、互相影响，"勤于劳动"被看作是"修齐治平"的根本性道德品质，深深滋养了一代代华夏儿女的精神心田。

古代劳动人民的辛勤劳动创造了生活本身和精神意境。魏晋诗人陶渊明所作《归园田居·其三》中写道："种豆南山下，草盛豆苗稀……衣沾不足惜，但使愿无违。"这首诗展现出我国古代人民早起劳作，傍晚收工，期待有好收成的场景，表现了劳动人民辛勤劳动的形象。唐代诗人李绅在《悯农》中写道："锄禾日当午，汗滴禾下土。谁知盘中餐，粒粒皆辛苦？"融洽地将珍惜食物与辛勤劳动结合起来，一直影响塑造着中国人勤俭节约的美德。唐代诗人王维写道："屋上春鸠鸣，村边杏花白。持斧伐远扬，荷锄觇泉脉……"这首《春中田园作》的前四句展现了古代人们愉快劳动的情境和勇于探索的精神。可见，劳动不仅可以磨炼人的意志，劳动的协作性还可以培养人的互助和团结精神。大禹治水、精卫填海、愚公移山等神话故事深刻反映了古代劳动人民战胜困难、自强不息的精神。古代物质资源匮乏、自然条件恶劣，但勤劳的中华儿女自强不息，积极探索，到了宋明时期，我国科技、手工业已十分发达。宋朝时发明了天文仪等多种精密仪器，明朝时期郑和七次下西洋，这表明那个时代我国科技、造船业处于世界先进水平。古代劳动人民智慧的结晶反应在各个领域：栩栩如生的兵马俑、巍峨的长城、巧夺天工的都江堰、贯通南北的大运河，素纱禅衣、榫卯结构、记里鼓车，等等，无一不是凝聚劳动者勤劳智慧的伟大成果，尽责、乐业、精益求精的工匠精神使这些遗宝成为历史的烙印和华夏子孙精神的内核。

勤劳勇敢智慧的中国人民创造了灿烂的中华文明。在五千年历史长河中，中国人民创造了辉煌历史，铸就了灿烂的中华文明。习近平总书记指出："波澜壮阔的中华民族发展史是中国人民书写的！博大精深的中华文明是中国人民创造的！历久弥新的中华民族精神是中国人民培育的！中华民族迎来了从站起来、富起来到强起来的伟大飞跃是中国人民奋斗出来的！"这一重要论述充分肯定并高度赞扬了中国人民在中华文明创造中的主体地位，也以中国历史发展实践生动阐释、充分彰显了中国人民创造的中华文明的重要价值。在漫长的发展实践中沉淀形成的中华优秀传统文化和中国人民特质禀赋，已经成为植根于中国人内心的民族基因，并深刻影响着中国的发展进步。

中国人民在中国共产党的领导下奋力开创伟大事业。改革开放是决定当代中国命运的关键抉择。中国共产党带领全国各族人民为实现人民幸福和民族复兴不懈奋斗，中国特色社会主义取得巨大发展，近

代以来久经磨难的中华民族迎来了从站起来、富起来到强起来的伟大飞跃。特别是党的十八大以来，以习近平同志为核心的党中央提出一系列新理念新思想新战略，出台一系列重大方针政策，推进一系列重大工作，推动党和国家事业取得了历史性成就、发生了历史性变革。进入新时代，中国人民正以"实干兴邦"的劳动精神继续谱写中国特色社会主义伟大事业的新篇章，焕发出人民创造历史的强大生命力。只要我们守护中华劳动伦理的深厚底蕴，弘扬工匠精神和坚忍不拔、自强不息的劳动美德，一代代的劳动者就必定能创造伟大的历史，不断开创未来美好生活。

三、弘扬新时代劳模精神和工匠精神

劳模精神是工人阶级先进性的集中体现。在中国革命、建设、改革的各个历史时期，我国工人阶级都具有走在前列、勇挑重担的光荣传统，我国工人运动都同党的中心任务紧密联系在一起。劳动模范作为工人阶级的优秀代表，是时代的引领者，在工作生活中发挥了先锋和排头兵作用，他们以辛勤劳动、诚实劳动和创造性劳动，持续推动着社会进步、国家发展和民族复兴。习近平总书记指出，劳动模范身上体现的"爱岗敬业、争创一流，艰苦奋斗、勇于创新，淡泊名利、甘于奉献"的劳模精神，是伟大时代精神的生动体现。

榜样的力量是无穷的。劳动模范是民族的精英、国家的栋梁、社会的中坚，他们身上涌动着创造、创新、创业激情，并以炽热的报国情怀、精湛的专业技能在各自岗位上建功立业，托举起了一个国家、一个民族的梦想。劳动推动社会进步，实干才能成就梦想。社会主义是干出来的，新时代也是干出来的。通过劳动创造更加美好生活，梦想大厦才会一砖一瓦地坚实筑牢。长期以来，"铁人"王进喜、"一心为乘客"李素丽、"杂交水稻之父"袁隆平、"当代雷锋"郭明义等无数劳动模范以执着的热血奋斗，书写了劳动的光荣。而今新时代的美好画卷正在神州大地徐徐铺展，追梦人的舞台变得更加宽广。弘扬劳

模精神,每一位劳动者都应勤奋做事、勤勉为人,通过劳动书写无悔的奋斗人生、幸福人生。

工匠精神是一种职业精神,它是职业道德、职业能力、职业品质的体现,是从业者的一种职业价值取向和行为表现。工匠精神的基本内涵包括严谨认真、精益求精、追求完美、勇于创新等方面的内容。习近平总书记在十九大报告中指出:"建设知识型、技能型、创新型劳动者大军,弘扬劳模精神和工匠精神,营造劳动光荣的社会风尚和精益求精的敬业风气。"

我国自古就有尊崇和弘扬工匠精神的优良传统,一些工艺水平在世界上长期处于领先地位。瓷器、丝绸、家具等精美制品和许多庞大壮观的工程建造,都离不开劳动者精益求精的工匠精神。《诗经》中的"如切如磋,如琢如磨",其本意反映的就是古代工匠在切割、打磨、雕刻玉器等时精益求精、反复琢磨的工作态度。《庄子》中讲庖丁解牛游刃有余,"臣之所好者道也,进乎技矣"。可以说,我国古代非常注重工匠精神,形成了"尚巧工"的社会氛围。新中国成立以来,党在带领人民进行社会主义现代化建设的进程中,始终坚持弘扬工匠精神。无论是"两弹一星"、载人航天工程取得的辉煌成就,还是高铁、大飞机等的设计与制造,都离不开工匠精神,都展现出对工匠精神的继承与发扬。

弘扬劳模精神和工匠精神,为实现中华民族伟大复兴汇聚强大正能量。习近平总书记先后使用"民族的精英、人民的楷模""坚持中国道路、弘扬中国精神、凝聚中国力量的楷模"高度赞扬广大劳动模范和先进工作者,并指出劳模精神"生动诠释了社会主义核心价值观,是我们的宝贵精神财富和强大精神力量"。在新时代背景下,弘扬劳模精神和工匠精神,有利于培养造就一支有理想守信念、懂技术会创新、敢担当讲奉献的宏大产业工人队伍,推动中国速度向中国质量转变、中国制造向中国创造转变、制造大国向制造强国转变;有利于在全社会营造崇尚劳动的浓厚氛围和精益求精的敬业风气,汇聚起"劳动托起中国梦"的强大正能量。"雕刻火药

的大国工匠"徐立平,在悬崖绝壁上书写精彩传奇的"当代愚公"黄大发,用生命叩响"地球之门"、让中国进入"深地时代"的战略科学家黄大年,勇担民族复兴大任的"天眼巨匠"南仁东,他们都是在改革开放进程中涌现的典型代表,生动地展示着当代中国的劳模精神和工匠精神。

中国特色社会主义伟大事业需要依靠一代又一代中国人的辛勤劳动、接续奋斗来实现。青年一代有理想、有本领、有担当,国家就有前途,民族就有希望。习近平总书记对广大青少年寄予殷切期待,"要通过各种措施和方式,教育引导广大青少年牢固树立热爱劳动的思想、牢固养成热爱劳动的习惯,为祖国发展培养一代又一代勤于劳动、善于劳动的高素质劳动者""要教育孩子们从小热爱劳动、热爱创造,通过劳动和创造播种希望、收获果实,也通过劳动和创造磨炼意志、提高自己"。因此,要坚持教育同生产劳动和社会实践相结合,让广大青少年投身实践,在增长才干和磨炼意志中感受劳动所带来的收获和乐趣,进而形成尊重劳动、热爱劳动的真挚情感。

中国特色社会主义进入新时代,我国社会主要矛盾已经转化为人民日益增长的美好生活需要和不平衡不充分的发展之间的矛盾。人民群众不仅对物质文化生活提出了更高要求,而且对民主、法治、公平、正义、安全、环境等方面的要求日益增长。人民对美好生活的向往,就是我们的奋斗目标。面对广大劳动者最关心、最直接、最现实的利益诉求,应坚持社会公平正义,排除阻碍劳动者参与发展、分享发展成果的障碍,让劳动者实现体面劳动、全面发展。只有持续提升广大劳动者的获得感、幸福感、安全感,才能让"劳动最光荣、劳动最崇高、劳动最伟大、劳动最美丽"的价值引领在人民内心深处生根发芽、开花结果。"历史承认那些为共同目标劳动因而自己变得高尚的人是伟大人物;经常赞美那些为大多数人带来幸福的人是最幸福的人。"站在新时代的历史方位,我们坚信,在以习近平同志为核心的党中央坚强领导下,一定能够最充分调动广大劳动人民的积极性、主动性和创造性,最大限度地聚合起人们饱满的劳动热情、激发起人民群众昂扬的奋斗精神,为实现中华民族伟大复兴注入源源不断的精神力量。

四、劳动教育对新时代大学生树德的重大意义

劳动是马克思主义世界观的实践基础,同时也是中华民族的优良传统美德,在新时代要大力弘扬劳模精神和工匠精神。在高职院校加强劳动教育是全面贯彻党的教育方针的内在要求。

近年来,在各级各类教育体系的教育内容中,劳动教育存在不同程度地被弱化和虚化的现象。一部分青年人、包括大学生在内,存在着不会劳动、不愿劳动、不珍惜他人劳动成果的现象,劳动能力逐渐退化、劳动精神逐渐淡化,这与我们培养德智体美劳全面发展的社会主义建设者和接班人的育人目标存在较大差距。因而,全面加强劳动教育,引导学生崇尚劳动、尊重劳动、乐于劳动,对于每一名大学生、整个社会乃至中华民族的伟大复兴,都具有十分重大的意义。

1. 劳动教育有助于新时代大学生进一步树立坚定的劳动价值观,养成实干担当的人生信条

马克思认为劳动创造价值,劳动是幸福的源泉。如果我们轻视劳动,缺少劳动意识,自然会造成缺少劳动实践的能力和勇于实践、勇于担当的责任感。这不仅不利于大学生群体在校期间的学习,也不利于他们未来的就业深造,更不利于个人理想价值的实现和国家社会的良性发展。当代大学生大多是在物质条件相对优越的家庭环境中长大,没有掣襟露肘的经历,缺乏粒粒皆辛苦的体认,在多元价值冲击的洪流中,有的学生就会出现贪图享受,缺乏劳动意识、奉献精神,节约意识差等现象,归结起来就是劳动教育被忽视导致的"劳动创造价值"不被认同的不良后果。

青年的价值取向决定了未来整个社会的价值取向,而青年又处在价值观形成和确立的时期。通过劳动教育,使大学生群体深刻领会劳

动的基本内涵和价值目标，引导青年认识劳动，热爱劳动，把知、行、意有机结合起来，让广大学生在劳动教育中领会科学理论的实践价值和中华优秀传统文化的智慧力量，在劳动中体认，在体认中认同接受，在认同接受中内化为自己的劳动价值观。同时，只有强化劳动教育，才能培养大学生群体尊重劳动、热爱劳动的品格和善于劳动的技能，最终有助于培养青年一代扎实肯干、勇于担当的人生信条。这不仅有利于个人的成长，同样有助于国家民族的事业。在高校劳动教育中，要弘扬劳动精神，以劳动模范、大国工匠为时代的榜样，让志愿劳动服务成为一生的习惯，鼓励青年在劳动中立德修身，磨砺品行。

2. 劳动教育有助于新时代大学生进一步坚定马克思主义信仰，自觉认同社会主义核心价值观

当前，我国正处于全面深化改革的攻坚期，国内外形势异常复杂，加之在全球化、网络化的进程中，各种不良社会思潮不断冲击人心，意识形态战线上的斗争日趋激烈。青年学生正处于人生的"拔节孕穗期"，处于世界观、人生观、价值观成熟的关键期，最需要筑牢理想信念的根基，补足精神上的"钙"，扣好人生的"第一粒扣子"。在这一时代背景下，高等学校肩负着培育社会主义核心价值观，自觉维护国家意识形态安全的重任。社会主义核心价值观的文化根基在于马克思主义世界观与价值观、在于中国传统文化中核心价值理念。劳动是马克思主义世界观的实践基础，劳动价值论是马克思主义的理论基础，热爱劳动、刻苦勤奋更是中华民族传承千百年来的美德。劳动教育理应是、也必然是弘扬社会主义核心价值观的必由之路，也是蕴含在理论和实践深处的逻辑起点。

不认同"劳动创造价值"的真理，将无法真正理解和认同马克思主义理论的核心理念；不认同"中华民族是一个勤劳的民族"，就无法真正读懂千百年来中华文明涅槃重生、绵延不绝的基因所在。新时代的大学生生活在价值多元的社会中，对"幸福是奋斗出来的"缺乏亲身体验和深入理解，在现实生活中容易产生"享乐主义""拜金主义"等错误价值观。殊不知，幸福的生活是靠艰苦的奋斗得来的，是劳动中辛勤的汗水创造的。只有让大学生在劳动教育的各个层面体验、探究劳动的价值，并使之内化为价值观，才会真正懂得幸福就在劳动中。这样的价值体认尤为重要，也特别宝贵。唯此，才能真正坚定树立"劳动创造价值"的观念，才能让青年一代自觉抵制西方意识形态的渗透和影响。新时代大学生要在劳动创造中认识世界、改造世界，形成价值自觉，成为社会主义核心价值观的深入学习者、坚定信仰者、积极传播者和忠实践行者，在劳动中厚植马克思主义坚定信仰与爱国情怀。

3. 劳动教育有助于新时代大学生进一步了解国情、体验国情，进一步坚定社会主义的制度自信

人类社会的劳动实践是推动社会发展的动力。劳动创造了人类，改变了世界，实践是人类的存在方式。不充分了解社会，就很难正确理解我国的政策制度，形成客观公正认识。实践出真知，只有亲身经历、亲身体验，才会真正了解整个国家的肌理，了解体制机制的实际运转，才会真正了解人民群众最真实的愿望与需求，只有这样，才能懂得在当前国情下，很多制度设计、政策方针的用意、初衷和巨大优越性。在抗击疫情的大考中可以看到，在党的坚强领导下，全国人民上下一心、众志成城，相关行业工作人员付出了辛勤的劳动，取得了疫情阻击战的决定性胜利，为世界各国争取了时间，积累了经验，提交了抗击疫情的中国答卷，充分彰显了我国制度优势，这不仅增强了青年一代对我国政治制度的认同，也在世界范围内增强了各国对我国政治制度的了解与认同。

大学生群体在这次抗击疫情的斗争中，亲身体验了我国社会主义制度的优越性。在抗击疫情的战斗中，有很多大学生志愿者在做好自我防护的前提下，以多种方式参与到防控工作中去。有的坚守在宣传一线为大家把疫情防控相关信息及时准确地发布出来，有的利用专业

优势制作疫情防控宣传漫画,在网络上传递正能量,还有的回到家乡投入到当地社区疫情防控工作中去。正是在这样的实践中,正是在这样许许多多具体的亲身体验中,青年一代才能真正地了解社会、理解社会,才会真正体会社会主义制度在中国的强大生命力。正如习近平总书记给北京大学援鄂医疗队全体"90后"党员回信中的寄语:"让青春在党和人民最需要的地方绽放绚丽之花"。广大青年既要读"有形书",也要读"无形书",既要仰望星空,也要脚踏实地,要把德智体美劳发展五育并举,把劳动教育与专业学习、奉献社会、实现人生梦想结合起来,坚定"四个自信",把论文写在祖国大地上。

"故天将降大任于斯人也,必先苦其心志,劳其筋骨,饿其体肤,空乏其身,行拂乱其所为,所以动心忍性,曾益其所不能。"劳动是财富的源泉,也是幸福的源泉。人世间的美好梦想,只有通过诚实劳动才能实现;发展中的各种难题,只有通过诚实劳动才能破解;生命里的一切辉煌,只有通过诚实劳动才能铸就。作为新世纪出生的一代,我们见证了 2008 年北京成功举办奥运会,2020 年全民抗击新冠疫情。到 2035 年,我们将是基本实现社会主义现代化的生力军;2050 年,我们将见证伟大祖国实现富强、民主、文明、和谐、美丽的社会主义现代化。历史赋予我们"强国一代"的伟大使命,我们是中国梦的参与者、建设者和见证者。劳动铸就伟业,我们坚信,中华民族伟大复兴的中国梦必将在新时代青年的光荣劳动中变为现实。

第二节 实践案例

实践案例1　讲座式学习

讲座一：劳动模范、工匠大师进校园

邀请全国、省、市劳动模范和工匠大师走进校园，开展专题讲座，对学生进行劳动教育。通过劳模进校园活动，让学校师生近距离接触劳动模范和工匠大师，聆听劳模故事，感受劳模精神和工匠精神，从而引导师生学习爱岗敬业、争创一流、艰苦奋斗、勇于创新、淡泊名利、甘于奉献的劳模精神和敬业、精益、专注、创新的工匠精神。大力弘扬劳模精神和工匠精神，让劳动最光荣、劳动最崇高、劳动最伟大、劳动最美丽的观念在校园中蔚然成风，将培育和践行社会主义核心价值观落小落细落实。

讲座二：身边师生讲劳动故事

邀请学校优秀毕业生、退休老教师、在职教师、在校学生为学生讲劳动故事，用身边的人、事教育和引导学生崇尚劳动、尊重劳动、乐于劳动，通过辛勤劳动和专业技能创造美好未来，为实现中华民族伟大复兴中国梦作出自己应有的贡献。

实践案例2　活动（体验）式学习

活动一：以劳模精神为引领，开展"走进劳模"系列活动。

组织学生采访劳模，整理编纂劳模口述史，讲述劳模的成才故事和亲身经历，用真情真事真话感染感动感化青年学生；组织学生开展"劳模伴我成长""我心中的劳模"等主题征文、演讲比赛、主题班会

等，增强学生对劳模的认同感和亲近度；建立学生志愿者劳模服务队，组织学生开展关心劳模志愿服务活动；推进劳模精神进课堂，把劳模精神融入教育教学各个环节，用劳模精神和工匠精神引导学生、启迪学生、鼓舞学生。

活动二：劳动实践

组织学生深入学校实习基地、实验室、实训基地等进行劳动活动，以培养学生劳动观念和提高学生劳动能力，自觉发扬劳模精神和工匠精神，树立正确的人生价值观，干一行、爱一行、专一行。

第三节 评价

一、因素

对学生在劳动态度、劳动能力、劳动精神等方面进行综合考核和评价；将参加劳动活动情况作为学生评先选优的重要依据，对于劳动考核不合格者要进行再劳动。

二、参考的评价表格与量化指标

参考评价表与量化指标见表 2-1～表 2-3。

表 2-1　自我评价（20 分）

指标及权重	观测点	评分等级			
		优秀	良好	一般	较差
个人态度 20%	能主动积极地参与和组织活动,思想上主动性强； 态度端正,情绪饱满,合作意识强； 有主动承担劳动任务的自觉性； 有积极配合的意识	4	3	2	1
劳动准备 20%	学习目标明确,具有一定的创新精神； 积极准备,能根据教学内容,激发自身学习兴趣	4	3	2	1
劳动过程 30%	时间安排合理,学习思路清晰,内容熟练,操作规范熟练	6	5	3	2
学习效果 30%	熟练掌握劳动知识、劳动技能； 热爱劳动,积极参与公益劳动活动	6	5	3	2
总分					

表 2-2　同学互评（30 分）

指标及权重	观测点	评分等级			
		优秀	良好	一般	较差
劳动素养 20%	态度端正，情绪饱满，合作意识强，主动融入； 有主动承担劳动任务的自觉性，且能较好完成任务	6	5	3	2
劳动准备 20%	积极准备，配合同学分组安排，分工不挑拣； 学习方法灵活，能根据教学内容，激发自身学习兴趣	6	5	3	2
劳动态度 30%	劳动中认真、细致，有较强的责任感； 善于发现问题、解决问题	9	7	5	3
结果成效 30%	学习方法得当，技能掌握充分； 具有较强团队协作能力	9	7	5	3
总分					

表 2-3　教师评价（50 分）

指标及权重	观测点	评分等级			
		优秀	良好	一般	较差
个人素养 20%	能主动积极地参与和组织活动，表现积极； 态度端正，情绪饱满，合作意识强； 有主动承担劳动任务的自觉性； 有积极的配合意识，对老师落实的任务能正确对待	10	8	6	4
劳动准备 20%	学习目标明确，具有一定的创新精神； 积极准备，通过各方面努力提升实践能力； 配合同学分组安排、分工不挑拣； 学习方法灵活，能根据教学内容，激发自身学习兴趣	10	8	6	4
劳动过程 30%	时间安排合理，能把安全教育贯穿始终； 学习思路清晰，内容熟练； 操作规范熟练，与老师互动有效； 学习方法得当，技能掌握充分	11～15	7～10	3～6	2

续表

指标及权重	观测点	评分等级			
		优秀	良好	一般	较差
树德效果 30%	自觉向劳动模范和大国工匠学习，崇尚劳动光荣； 增强服务农业农村现代化、服务乡村全面振兴的使命感和责任感； 学好专业技术，提高专业技能，通过科技创新创造更多的社会财富	11～15	7～10	3～6	2
总分					

知识拓展：劳动树德故事

朱德的扁担

1928年4月，朱德和陈毅带领湘南起义的队伍，到达井冈山革命根据地的砻市，同毛泽东带领的工农革命军会师。井冈山革命根据地地处罗霄山脉中段，是湘赣两省的交界。周围五百里都是崇山峻岭，地势十分险要。1928年11月中旬，红军集合在宁冈、新城、古城一带，进行冬季训练。由于湘赣两省敌军的严密封锁，井冈山根据地同国民党统治区几乎断绝了一切贸易往来，根据地军民生活十分困难。为了解决眼前的吃饭和储备粮食问题，红四军司令部发起下山挑粮运动。朱德也常随着队伍去挑粮，一天往返50公里，光是空手上山下山都很吃力。但他的两只箩筐每次都装得满满的，走起路来十分稳健利落，年轻力壮的小伙子也常被他甩得老远。战士们从心眼里敬佩朱军长，但又心疼他。大家一商量，就把他的扁担藏了起来。

朱德没了扁担，心里很着急，他让警卫员到老乡那儿买了一根碗口粗的毛竹，自己动手，连夜做起了扁担。月光下，他破开竹子，熟练地削、刮、锯，一会儿就把一面黄一面白的半片竹子做成了一根扁担。为防止战士们再藏他的扁担，就在上面刻了"朱德记"3个大字。第二天，挑粮的队伍又出发了，朱德仍然走在战士们中间。大家看见他又有了一根新扁担，感到十分惊奇，崇敬之外更增添了几分干劲。从此，朱德扁担的故事便传开了。

铁人王进喜

王进喜，甘肃玉门人，新中国第一批石油钻探工人，全国著名劳动模范，1956年加入中国共产党。面对新中国成立之初石油短缺的局面，他以强烈的责任感、高昂的政治热情，投入到为祖国找石油的工作之中。1960年，王进喜率领1205钻井队从玉门到大庆参加石油大会战。在重重困难面前，全队以"宁可少活二十年，拼命也要拿下大油田"的顽强意志和冲天干劲，苦干5天5夜，打出了大庆第一口喷油井，并创造了年进尺10万米的世界钻井纪录，成为中国工业战线一面火红的旗帜。打第二口井时突然发生井喷，当时没有压井用的重晶石粉，王进喜决定用水泥代替。没有搅拌机，他不顾腿伤，带头跳进泥浆池里用身体搅拌，经全队工人奋战，终于制服井喷，王进喜因此被誉为"铁人"。由于长期积劳成疾，他身患胃癌，但在病床上他仍然关心着油田建设，直到生命最后一刻，病逝时年仅47岁。

王进喜为我国石油工业的发展和社会主义建设作出了突出贡献，留下了宝贵的精神财富。以"爱国、创业、求实、奉献"为主要内涵的大庆精神和铁人精神，集中展现了我国工人阶级的崇高品质和精神风貌，是团结凝聚百万石油人的强大精神动力，已经成为中华民族伟大精神的重要组成部分，永远激励中国人民不畏艰难、勇往直前。

孟广彬的小鞋摊

他注册"雷锋号"小鞋摊，以一个平凡劳动者的坚守，诠释了一名草根工匠的社会价值。

孟广彬出身贫寒，因小时候得到过很多乡亲的帮助，便立志用自己的双手回报社会。孟广彬把雷锋当作自己的榜样，1988年起，他开始在哈尔滨师范大学校园外摆摊修鞋。他的鞋摊旁有块小黑板，上面写着："鞋子穿坏请别愁，广彬为您解忧愁；生活之中互帮助，雷锋精神记心头。"他还制作2000多张优惠卡分发到学生手中，凡是贫困学生、老人和残疾人来修鞋，一概分文不取。1992年春天，孟广彬在收拾修鞋摊时，捡到一个棕色皮包，里面有1万元钱。孟广彬一直等到失主前来寻找，把皮包交还失主。20多年来，生活并不富裕的他拾到并交还的现金、支票等钱物20余万元。每逢节假日，他总是骑着自行车到福利院、社区，为特困户、残疾人、烈士家属、抗美援朝老功臣义务修鞋。他还为困难群众捐款捐物，资助对象达百余人。

孟广彬常对人讲："人的价值在于能为大家做点事。钱可以不赚，诚信不能失！"他承诺："我修过的鞋绝不让顾客再修第二次"。20多年里，孟广彬积累了7大本"万人修鞋留言簿"，每本厚达半尺。这7大本沉甸甸的留言簿记录了孟广彬用一针一线穿起的"诚信"，成为他宝贵的精神财富。

课后思考

一、思考题

1. 怎样理解马克思主义劳动观？
2. 结合实际谈一谈，如何弘扬新时代劳模精神和工匠精神？
3. 劳动教育对新时代大学生树德有何重大意义？

二、寻找你的榜样（分享你的故事）

课后，同学到网上观看关于"全国劳动模范"先进事迹的视频，写一篇观后感。字数在800字左右。

第三章
实践出真知

 导言

习近平总书记在全国教育大会上明确指出:"要努力构建德智体美劳全面培养的教育体系",这个要求明确地把德智体美劳作为一个整体予以考虑,揭示了德智体美劳五育之间的内在联系与相互融合、相互促进的发展规律。劳动教育是对学生进行智育的基础。因为劳动涉及的是人与自然、人与世界的关系,而人脱离了自然和世界,也就谈不上智力发展。

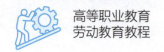

学习目标

- 思想认识：深化学生对劳动的认识，深入理解劳动实践对于增智的重大意义，深切感悟劳动实践对于人的自由全面发展所具有的重要推动作用。

- 情感态度：了解劳动对于学生知识积累、智力发展、技能养成等的作用，从而真正树立起尊重劳动的意识，激发辛勤劳动、诚实劳动、创造性劳动的内生动力，积极投身劳动实践。

- 能力习惯："行为知之始，知为行之成。"在劳动中培养学生分析问题、解决问题、团队协作等能力，增强自身劳动技能，用勤劳的双手成就精彩人生，成长为新时代党和国家事业发展所需的过硬新人。

第一节
劳动增智教育概述

一、劳动是一切知识的源泉

知识和人类的起源一样,都来源于劳动实践。马克思主义认为,劳动是人们认识和改造自然界的自觉的、有目的的能动活动。在人类劳动实践活动的发展过程中,形成了人与自然的关系、人与社会的关系,形成了基于劳动基础之上的诸多自然科学门类、社会科学门类以及思维科学门类。人类认识世界改造世界首先是从劳动开始的,劳动和实践赋予了人类更高的智能,智能又适应了大自然的规律,不断推动人类迈入食物链的高端。实践、认识、再实践、再认识,从感性到理性的螺旋式上升发展的认知历程,使知识代代相传,薪火相授,成为人类认知世界、磨砺发展、创造文明的利器。

劳动的过程是一个全面刺激学生的手、眼、脑协调发展的过程,可以用自己全部的感官去认知去学习。在劳动过程中,学生必须集中注意力、细心观察、深入思考、动手操作,从而不断探索和积累丰富的知识和经验。陈献章认为"学贵知疑,小疑则小进,大疑则大进。"学习任何知识的最佳途径是由学生自己去发现,因为这种发现,理解最深,也最容易掌握其中的内在规律和联系。在劳动中当学生发现目前掌握的知识不够用于解决问题时,就会更加渴求新的知识,然后运用所学知识去解决问题。苏联著名的教育学家苏霍姆林斯基认为,热爱劳动的人,思维是敏锐而开阔的,学生通过动手,可以开发其创造性和钻研精神。他深信,劳动是一切知识的源泉。

劳动可以激发学习兴趣,使学生获得更多的科学知识。兴趣是推

动学生获取知识的内部驱动力,是学生学习积极性中最现实、最活跃的心理成分。学习兴趣一旦产生,各种感官都会处于活跃状态配合学生积极主动地去认知。苏霍姆林斯基从多年工作经验中得出:如果不能使双手成为智慧的高明的老师,那么学生就会失去对知识的兴趣,教学过程中就会缺少一种强有力的情绪刺激。老师要在每一个学生心灵里点燃热爱劳动的火花,要帮助学生动手去做某一件事,并且使双手成为他的智慧的老师;思考和双手的联系越紧密,劳动就越加深刻地进入学生的精神生活,成为他心爱的事情。

二、劳动可以增长人的智慧

智慧是生命所具有的基于生理和心理器官的一种高级创造思维能力,包含对自然与人文的感知、记忆、理解、分析、判断、升华等所有能力。智慧与智力不同,智慧表达智力器官的综合终极功能,与"形而上之道"有异曲同工之处;智力则谓"形而下之器",是生命的一部分技能。

人的智慧从哪里来的?俄国教育家乌申斯基就曾指出:"劳动是人类存在的基础和手段,是一个人在体格、智慧和道德上臻于完善的源泉。"由此可以看出,人的智慧主要是从劳动中来的。勤劳的双手铸就智慧民族。中国人民从来都是热爱劳动的,他们在劳动中汲取智慧铸就了举世瞩目的中华文明,创造了灿烂持久的中华文化。"造纸术、活字印刷术、指南针、火药"四大发明,把我们的祖国送入世界各国的前列,其中指南针在航海事业中的应用,促使我国的航海事业进一步发展,使得明朝初期郑和七次出使西洋,增进了我国与亚洲、非洲国家的友谊,也创造了世界航海史上前所未有的壮举。万里长城、秦始皇陵兵马俑、京杭大运河,一项项中国古代奇迹工程震惊中外。今天的中国人民依靠勤劳的双手,在风雨中砥砺前行,迎来了从站起来、富起来到强起来的历史飞跃,开启了中华民族伟大复兴的光辉历程。南仁东带领他的团队 22 年来足迹遍布云贵 300 个喀斯特地区的洼坑,用"天眼"带领人们迈向浩浩宇宙中的星辰大海;"一生只为一条渠"的黄大发,他带领群众,历时30余年,靠着锄头、钢钎、铁锤和双手,在绝壁上凿出一条长9400米的"生命渠",结束了草王坝长期缺水的历史。我们创造的每一个奇迹,我们攻下的每一道难关,都是依靠勤劳的双手,依靠劳动的智慧实现的。

  在我们的日常生活中,智慧体现为更好地解决问题的能力,而这种能力可以通过劳动获得。在劳动实践中,各学科知识得到拓展与整合,活化为解决问题的工具,真正实现了跨学科的学以致用、活学活用。学生的劳动素养、科学精神和思维品质也得到了提高。苏霍姆林斯基有一句名言:"儿童的智慧在他的手指尖上。"几十年的教育实践使他确信:劳动的双手是"智慧的创造者",双手的劳动在智力发展上起着特别重要的作用。双手劳动为什么能直接促进智力的发展呢?苏霍姆林斯基认为:一是双手劳动可以通过劳动训练抽象思维能力;二是双手劳动可以促进手脑结合。在借助手工工具或机械工具加工东西的每一瞬间,信号多次地由手传导到脑,又由脑传导到手,脑教了手,手也发展和教了脑;三是双手劳动可以促进脑发展。他认为在人的大脑里有一些特殊的、最微妙的、最富创造性的区域,依靠把抽象的思维跟双手的精细而灵巧的动作结合起来,就能激发这些区域积极、活跃起来。

三、劳动可以促进智力发展

  人类智力是社会实践的产物和结果。智力是指人认识和理解客观事物,并运用知识和经验来解决问题的能力。人类智力有其自身形成的生物学基础,这种生物学基础就在于人是一种"可教的动物"。但是,人类智力的真正形成主要是社会实践的产物和结果。恩格斯说:"人的智力是按照人如何学会改造自然界而发展的"。恩格斯的这个判断,指明了人类智力发展的两个客观性根源:首先,人类智力发展的源泉是客观世界。人虽然具有"可教性",但这种"可教性"本身还

不是能力或智力，人的智力是在"可教性"的基础上从自然界学来的，是对自然规律的自觉把握和运用。人把握了自然的规律，从而能够改造自然，能够进行生产。其次，人类智力发展的途径是实践。实践是认识的唯一途径，也是人类智力发展的唯一途径。人类首先是通过实践向自然界学会规律和方法而获得智慧的。社会实践的形式和水平，决定着人类认识自然的广度和深度，从而也决定着人类智力的发展。

科学证明，影响智力的主要因素有观察力、想象力、思维力、记忆力、注意力等。这些因素所占比例的多少，决定了一个人综合智力的多少，也就是形成每个人的智力水平是多少。虽然智力是由遗传基因控制的，但是研究表明，人类可以通过一系列的训练来提高智力，以达到促进智力发展的目的。脑科学专家顾建文介绍，"动"能改善神经系统的调节功能，提高神经系统对人体活动时产生的错综复杂的变化的判断能力，并及时做出协调、准确、迅速地反应。"动"还是一种积极的休息，当经过较长时间的脑力劳动，感到疲劳时，参加短时间体育运动和体力劳动，可以转移大脑皮层的兴奋中心，使原来高度兴奋的神经细胞得到良好的休息，同时又补充了氧气和营养物质。而脑组织所需氧气和营养物质的供给又完全依赖于血液循环、呼吸和消化系统，体育锻炼和体力劳动在很大程度上改善了这些系统的功能，提高了它们的工作效率，从而促进了脑血液循环，改善了脑组织的氧气和营养物质供应，使脑组织的工作效率有了显著提高。"动"还可以使神经-体液——免疫系统得到锻炼和加强，使中枢神经系统对兴奋和抑制的调节能力更趋完善，从而进一步活跃全身各个系统和器官的功能，使它们的活动更加协调，工作效率提高，对外界刺激的反应迅速、灵敏，以适应外界环境的变化，并增强抵抗各种疾病因素的能力。"动"是训练协调神经系统的重要手段，无论是体育运动还是体力劳动，各种动手能力的培养都有利于开发孩子的创新、创造能力，应通过各种措施和方式，引导青少年热爱劳动、养成劳动的习惯，只有勤于劳动、善于劳动的人才能成为高素质劳动者。顾建文在谈到劳动对孩子成长的影响时说:"只有让孩子动起来,让劳动教育等培养动手能力的教育以及艺术教育融入孩子的生活中,从而科学地调动神经系统感觉(视觉、听觉、本体觉、平衡觉)和运动的协调发展,引导孩子们树立'劳动最光荣奋斗最幸福'的认识,孩子们才会具备创造人生奇迹的能力。"

劳动促进智力发展。苏霍姆林斯基认为,如果一个学生学习兴趣淡薄,智力发展落后,那就必须让他在劳动过程中产生自尊感和自信心,使这种自尊感和自信心转移到学习上,从而促进智力的发展。尤其对学困生而言,在劳动中展示才能,迁移到学习领域中还会让他找到克服困难的力量和志向。在苏霍姆林斯基看来,手脑结合的劳动、富于创造性的劳动、显示个人才能的劳动,是推动智力发展的重要手段。苏霍姆林斯基说:"学校生活的智力丰富性,在大多数情况下取决于能不能把智力活动和体力劳动密切结合起来""谁迷恋于一种创造性的劳动,他就不会去死记硬背""手能使头脑变聪明""学习和劳动的结合,就在于干活时思考和思考时干活。"由此可见,劳动对于学生的成长、智力的发展、学习的进步、动手能力的增强都起着举足轻重的作用。

四、劳动可以提高人的技能

个体运用已有的知识经验,通过练习而形成的一定的动作方式或智力活动方式称为技能。按其性质和特点的不同,技能可分为动作技能和熟练、智力技能和熟练。两者的区别在于动作技能和熟练主要表现为外显的肌肉骨骼的操作活动,如打球、骑自行车、织毛衣之类的技能和熟练;智力技能和熟练主要表现为内隐的认知操作活动,如心算、写作构思、工程设计之类的技能和熟练。在劳动实践过程中,大多既需要动作性的又需要智力性的技能参与。因此,经常参与劳动实践可以提高人的技能。

　　积极参加劳动实践，加强自身劳动技能的培养。大学生加强自身劳动技能的培养，对自己未来的职业具有非常重要的意义。大学生除了学习各种理论知识之外，应该积极地参与学校和社会上的各种实践活动，不同的劳动实践蕴含着不同的劳动知识和技能。大学生积极主动地参加实践活动不仅是促进自身发展的重要途径，而且还有利于增强自身的劳动技能。大学生参加的实践活动分为两种，一种是体力劳动，如打扫校园、到敬老院打扫卫生、去福利院义务劳动等等，这些不仅能够培养学生吃苦耐劳、乐于助人的精神，还能够锻炼学生的体魄。另一种是与大学生自身专业相关的实践活动，大学生将所学的理论知识与实践相结合，在实践过程中可以提高大学生的劳动技能，为将来工作奠定坚实的基础。

第二节
实践案例

实践案例1　讲座式学习

讲座：身边人讲身边事

邀请荣获国家级、省级、市级职业技能大赛获奖学生及指导教师讲述劳动故事，用身边人、身边事教育学生如何将所学的理论知识与实践相结合，在实践过程中提升职业技能。

实践案例2　活动（体验）式学习

活动一：

组织学生开展"扮靓美丽乡村"志愿服务活动，学生结合所学专业知识深入乡村，开展不同形式的志愿服务活动，在实践活动中进行知识的更新、技能的提高、人格的自我完善，从而实现人的全面发展。

活动二：

组织学生深入学校基地、实验室、实训场等进行劳动活动，以培养学生劳动技能；同时定期举行职业技能大赛，培养学生在实践中发现问题、解决问题的能力，促进智力发展。

第三节 评价

一、因素

对学生在劳动知识、劳动技能、团结协作和创新能力等方面进行综合考核和评价;将参加劳动活动情况作为学生日常考核和评先选优的重要依据,对于劳动考核不合格者要进行再劳动。

二、参考的评价表格与量化指标

参考的评价表格与量化指标见表 3-1~表 3-3。

表 3-1　自我评价(20 分)

指标及权重	观测点	评分等级			
		优秀	良好	一般	较差
个人态度 20%	态度端正,情绪饱满,合作意识强;有主动承担劳动任务的自觉性	4	3	2	1
劳动准备 20%	学习目标明确,具有一定的创新意识;积极准备,学习方法灵活,熟练掌握理论知识内容	4	3	2	1
劳动过程 30%	学习思路清晰,内容熟练;学习方法得当,技能掌握充分	6	5	3	2
学习效果 30%	熟练掌握劳动知识、劳动技能;尊重劳动,激发创造性劳动的内生动力,积极投身劳动实践	6	5	3	2
总分					

表 3-2 同学互评（30 分）

指标及权重	观测点	评分等级			
		优秀	良好	一般	较差
劳动素养 20%	能主动积极地参与和组织活动,行为表现积极; 有积极的配合意识,且能较好完成任务	6	5	3	2
劳动准备 20%	学习目标明确,创新意识强; 积极准备,配合同学分组安排、分工不挑拣	6	5	3	2
劳动态度 30%	劳动中认真、细致,有较强的责任感; 善于发现问题、解决问题	9	7	5	3
结果成效 30%	学习方法得当,技能掌握充分; 具有较强团队协作能力	9	7	5	3
总分					

表 3-3 教师评价（50 分）

指标及权重	观测点	评分等级			
		优秀	良好	一般	较差
个人素养 20%	能主动积极地参与和组织活动,表现积极; 态度端正,情绪饱满,合作意识强; 有主动承担劳动任务的自觉性; 有积极的配合意识,对老师落实的任务能正确对待	10	8	6	4
劳动准备 20%	学习目标明确,具有一定的创新能力; 积极准备,通过各方面努力提升实践能力; 配合同学分组安排、分工不挑拣; 学习方法灵活,能根据教学内容,激发自身学习兴趣	10	8	6	4
劳动过程 30%	时间安排合理,能把安全教育贯穿始终; 学习思路清晰,内容熟练; 操作规范熟练,与老师互动有效; 学习方法得当,技能掌握充分	11～15	7～10	3～6	2

续表

指标及权重	观测点	评分等级			
		优秀	良好	一般	较差
增智效果 30%	学习兴趣明显提升,实现跨学科学以致用; 观察力、注意力、想象力增强,劳动中善于手脑并用增强劳动技能; 尊重劳动,激发创造性劳动的内生动力,积极投身劳动实践; 具有较强团队协作能力、创新能力	11～15	7～10	3～6	2
总分					

知识拓展

劳动增智故事

从李子柒的故事看劳动教育

前段时间网上被李子柒刷屏了,美食视频播主李子柒走红的现象引发热议,这个四川女孩拥有几百万粉丝,她的视频作品动辄收获上百万乃至上千万的浏览量。

她拍的视频以中国传统美食文化为主线,围绕农家的衣食住行展开,古韵十足。古法的工序、古老的传统、古朴的炊具、古雅的氛围,再配以素淡的古装和悠扬的古调,在她的手上,美味佳肴、笔墨纸砚、服饰家居都能一点一点做出来。可以说,只有网友想不到,没有李子柒做不到。从她的视频中,我们看到的不是一个笨拙的务农新手,恰恰相反,是一个真正沉浸到生活内里的劳动者。这种渗透到骨子里的劳动技能正是在一次又一次劳动中练就出来的。李子柒从小跟着爷爷奶奶一起生活,爷爷做乡厨,她就帮着烧火、递盘子;爷爷在农忙间隙编制竹椅、竹扇子、背篓、簸箕等竹制品去卖钱,她就帮忙打下手;夏天爷爷奶奶出门种田,她就早早在家做好饭等他们回来。现在李子柒用于拍摄的蔬果,也都是自己和奶奶在院子里亲手种植的。为了制作蜀绣,李子柒自学了半年多的蜀绣针法,为了拍摄活字印刷术,又花了小半年的时间请教老师傅,花了近两年时间手工制作文房四宝。

哪有人一开始就是全能,只不过是日夜练就的成果。

第三章 实践出真知

袁隆平——我带研究生有一个要求

2020年8月,一档名为《似是故人来》的实景文化访谈节目专访了袁隆平先生。袁老已是鲐背之年,依旧在做科研、带学生,他在节目里说,"我带研究生有一个要求:你下不下田?你不下田我就不带。"

袁老年轻的时候是赤脚下田(现在有套鞋,条件好很多),经常被虫子、蚂蟥叮咬。袁老为解决亿万国人吃饭问题所做出的贡献彪炳史册,但他因长时间赤脚浸泡在春天冰冷的水稻田而患上了肠胃病。作为农业科学家,田间地头是他们科学研究的主战场。靠想象干不出杂交水稻,他们的科学成果必须写在大地上、长在土壤里。从这个角度看,袁老收徒必须下田的"门规",是从事农业应用科学研究的前提条件。

袁老在节目中说,他对年轻人最想说的8个字是:知识、汗水、灵感、机遇。互联网时代为年轻人获取知识提供了空前的便捷,于是,能够诞生更多灵感和赢得更好机遇,但最可靠的两个字还是"汗水"。敢于撸起袖子在风吹雨打中耕耘、在骄阳炙烤下劳作,是年轻的农业科技工作者收获事业成功的必备攻略。

"木匠女孩"

两年一届的世界技能大赛被誉为"世界技能奥林匹克",在第46届世界技能大赛湖北赛区现场家具制作项目中唯一的女选手引人注目,她叫高盼,是湖北生态工程职业技术学院的一名大三学生,一位"00"后女孩。

高盼挑战的是木工类项目中的家具制作,为了在16小时里完成误差不超0.9毫米的家具制作,高盼苦练技艺,在经历无数次的"锯""凿""修"的磨炼后,她也不曾想到,自己有一天还能站在竞逐世界技能大赛的舞台上。拿起工具花十几个小时制作一件木制品,这样的经历对于刚入校时的高盼来说,是从未想过的。高盼和木工结缘是在一年半以前,当时她报名体验学校开设的木艺课程,结果第一次自己动手做木工就上了瘾,传统木作中榫卯结构的精巧让高盼产生了浓厚的兴趣。赛前的练习过程中高盼的左手大拇指不慎受伤,比赛时伤口尚未痊愈,还缠着厚厚的纱布,这让她的操作有些不便,最终获赛区第二名。她说,木艺是她的爱好,木工现在可以说是她的一个职业了。

课后思考

一、思考题

1. 如何理解劳动是一切知识的源泉?
2. 结合实际谈一谈,如何在劳动实践中提升劳动技能?
3. 劳动的增智教育对新时代大学生有何重大意义?

二、寻找你的榜样(分享你的故事)

开展《劳动中的智慧》故事会,以小组为单位寻找身边的劳动榜样,讲述他们如何练就劳动技能,并制 PPT 进行课堂展示。通过故事分享使大学生体会如何在劳动实践中长知识、强本领、增才干。

第四章
身体是革命的本钱

导言

　　劳动教育在教育体系中具有基础性、先导性、全局性的地位。诚然,劳动教育不仅可以让学生"苦其心志,劳其筋骨",还具有树德、增智、强体、育美的综合育人价值,贯穿并作用于其他四育,是学生成长成才的"必修课""基础课"。劳动教育的核心价值是以"劳"促全。培养时代新人,必须把劳动教育摆在更加突出的位置,建立完善体现时代特征的劳动教育体系,以劳促进德、智、体、美全面发展、协同育人,这既是对马克思主义教育思想的继承和发展,也是对新时代中国特色社会主义教育制度的坚持和完善。结合职业教育教学特色,将劳动教育融入实践教学中,通过劳动让学生感受强健体魄的重要性,从而使学生更加愿意参与劳动。

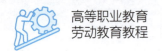

学习目标

- 思想认识：从思想上认识到体力劳动和脑力劳动只是劳动的不同分工，都是创造一切社会财富的力量，端正大学生的劳动态度，引导大学生掌握基本的劳动技能，以适应社会的需要。在劳动的过程中提高自身学习能力的同时达到强身健体的效果，从而更客观地认识劳动强体的重要性。

- 情感态度：劳动教育通过生产劳动同智育和体育相结合的方法进行，它不仅是提高社会生产的一种方法，而且是造就人全面发展的唯一方法。在劳动的过程中体会身体素质与劳动技能二者之间是密不可分的，从而更好地提高身体素质和劳动技能。

- 能力习惯：在劳动生产中打破学生蛮干、面子工程等一些不良的劳动习惯，养成热爱劳动、艰苦奋斗、勤俭节约的良好习惯，培养一批理论知识和劳动技能过硬的新时代优秀大学生。

第一节
劳动强体教育概述

在高速发展的 21 世纪，我们无时无刻不在适应这个社会的发展脚步，所以一个强健的体魄就显得格外重要。劳动是人类赖以生存和发展的基础，也是人类最基本的一项社会实践活动。人们借助一定的生产工具作用于劳动对象，同时让创造一切社会财富的源泉充分涌流，劳动是一种有目的的活动。劳动大致可以分为脑力和体力劳动两大类。每种劳动都不是单一的，都是这两大类劳动的双重有机结合，而强健的体魄是劳动最有效的原动力。我们要在劳动中感受身体的变化，强健的体魄更能让劳动达到事半功倍的效果。习近平在全国教育大会上强调："要树立健康第一的教育理念，开齐开足体育课，帮助学生在体育锻炼中享受乐趣、增强体质、健全人格、锤炼意志""要在学生中弘扬劳动精神，教育引导学生崇尚劳动、尊重劳动，懂得劳动最光荣、劳动最崇高、劳动最伟大、劳动最美丽的道理，长大后能够辛勤劳动、诚实劳动、创造性劳动"。在职业教育中应将体育与劳动相结合，让学生懂得如何去劳动，在劳动中如何保护自己的身体，预防职业病的发生。

一、生产劳动中的强体

试看当下社会，物质生活丰裕了，经济条件好了，青年人坐享其成者有之，怠惰不前者有之，不推不动者有之，推也不动者亦有之。这些，都是劳动之歌的杂音或噪音。劳动教育有利于帮助人们树立正确的劳动观，劳动是伴随着人类社会的产生而产生的，人的本质是生产劳动，劳动是个人谋生、自立、自强的重要手段，也是个人为实现社会价值以及为社会做贡献的基本途径和形式，劳动对于个人情感的生成、体力的磨炼、毅力的增强以及灵魂的净化具有无可替代的作用。马克思指出，对我们所有达到一定年龄段的儿童、青少年来说，未来进行的教育就是让生产劳动同智育和体育有机结合在一起。也就是说要想这样做，必须真实符合他们的年龄、结构和能力，要与他们的脑力、体力相协调，同时，对他们一方面进行文本知识的劳动教育，另一方面要不断提高他们的劳动技能，从而实现自身的全面发展，为以后的工作做好准备。毛泽东在实行其劳动教育观的过程中，充分肯定劳动者的平等地位，在革命的过程中注意联合工农群众，在劳动的过程中强调知识分子的参与，经过多种实践模式，广大劳动者掌握了科学文化知识，知识分子掌握了生产技能，在这种双向交互的过程中，劳动的价值得以凸显，人的体质素养得到提升，为新中国培养出了一批批高素质的劳动者，实现了社会风气的根本好转，尊重劳动成为新风尚，教育与生产劳动得到有机统一。

二、劳动强体的文化传导

劳动是发生在人与自然界之间的活动。其实质是通过人有意识的，有一定目的的自身活动来调整和控制自然界，使之发生物质变换，即改变自然物的形态或性质，为人类的生活和需要服务。千百年来人类生活都与劳动有着千丝万缕的联系，从古至今人们都意识到劳动是提高身体素质的必要因素。华佗认为："人体欲得劳动，但不当使极耳，动摇则谷气得消，血脉流通，病不得生。譬如户枢，终不朽也。"这句话告诉我们，人体要劳动、运动，但不能过量。在适度劳动和运动的过程中，人体摄取的食物精华将被吸收和消化，使血脉通畅，不易得病。就好比门的轴一样，经常转动不会被虫蛀而致腐烂。也是告诫后人无论什么年龄，适度的劳动可以促进我们更好地吸收食物营养，从而达到强身健体的作用。

"装饰得华丽可以显示出一个人的富有，优雅可以显示出一个人的趣味,但一个人的健康与茁壮则须由另外的标志来识别,只有在一个劳动者的粗布衣服下面,而不是在嬖幸者的穿戴之下,我们才能发现强有力的身躯。"这句话出自法国著名思想家卢梭。富有只能让我们在外表上看起来华丽且优雅,而一个人健康又强壮的身躯是需要通过劳动来获得的。这也从侧面体现出劳动对于强体的重要性,让人们更加重视劳动。高尔基是这样评价劳动的:"热爱劳动吧,没有一种力量能像劳动,即集体、友爱、自由的劳动的力量那样使人成为伟大和聪明的人。"正如卢梭所说的那样,劳动带给我们的力量是无法替代的,是促进人全面发展的必要条件。当今社会的大学生对于劳动有着一定的偏见,大家崇尚脑力劳动而忽视了体力劳动。劳动要将智育和体育两者结合在一起,不能出现像跷跷板一样一头轻一头重的现象。马克思指出"体力劳动是防止一切社会病毒的伟大的消毒剂。"劳动教育课的目的就是将理论知识转化为实践能力的课程,体力劳动不仅可以增长学生的生活技能,更能让学生在体验生产劳动的同时提高自己的身体素质。

第二节
实践案例

实践案例1　讲座式学习

申纪兰的故事

申纪兰,山西省平顺县西沟村党总支副书记,第一届至第十三届全国人大代表,"共和国勋章"获得者。她一生从来没有离开过劳动,正是坚持劳动才能让她有一个健康的体魄去完成更多的使命,将一生献给了她热爱的土地和人民。

农业高职的特色活动

以辽宁农业职业技术学院为例,在学生间寻找突出农业高职特色的劳动强体事迹,在各院系、班之间进行宣讲,结合校园文化建设每月进行一次主题班会互动,予乐农、爱农教育与强体教育于一体。

实践案例2 活动（体验）式学习

上图是辽宁农业职业技术学院学生在进行幼苗栽种，这看似简单的动作却需要大腿肌肉群、肩部肌肉群以及手臂肌肉参与其中，可使其得到很好的锻炼。在栽种的过程中，双腿左右前进后退可以使髋关节和大腿后侧肌肉得到锻炼，手臂和肩关节摆动可以使肱三头肌、三角肌、背阔肌、肩胛下肌得到锻炼，在劳动的过程中这些肌肉群不知不觉就能获得很好的锻炼。

第三节 评价

一、因素

对学生在劳动过程中的学习态度、创新精神和实践操作能力、劳动技能掌握情况和是否达到强体的效果等方面进行综合考核和评价；将参加劳动活动情况作为学生日常考核和评先选优的重要依据，对于劳动考核不合格者要进行再劳动。

二、参考的评价表格与量化指标

参考的评价表格与量化指标见表 4-1～表 4-3。

表 4-1　自我评价（20 分）

指标及权重	观测点	评分等级			
		优秀	良好	一般	较差
个人态度 20%	态度端正,合作意识强；能主动积极地组织、参与活动,思想上主动性强	4	3	2	1
劳动准备 20%	学习目标明确,具有一定的创新意识；积极准备,能根据学习内容,认真准备相关用品、器材	4	3	2	1
劳动过程 30%	时间安排合理,学习思路清晰,内容熟练；动作规范熟练	6	5	3	2
学习效果 30%	熟练掌握知识、技能；积极参与活动,认真完成组内任务；日常运动兴趣有所提高	6	5	3	2
总分					

表 4-2　同学互评（30 分）

指标及权重	观测点	评分等级			
		优秀	良好	一般	较差
劳动素养 20%	态度端正,情绪饱满,合作意识强,主动融入; 有主动承担劳动任务的自觉性,且能较好完成任务	6	5	3	2
劳动准备 20%	积极准备,配合同学分组安排、分工不挑拣; 学习方法灵活,能根据教学内容,激发自身学习兴趣	6	5	3	2
劳动态度 30%	劳动中认真、细致,有较强的责任感; 善于发现问题、解决问题	9	7	5	2
结果成效 30%	学习方法得当,技能掌握充分; 具有较强团队协作能力; 身体素质得到提高	9	7	5	3
总分					

表 4-3　教师评价（50 分）

指标及权重	观测点	评分等级			
		优秀	良好	一般	较差
个人素养 20%	能主动积极地参与和组织活动; 态度端正,情绪饱满,合作意识强,具有团队精神; 有主动承担劳动任务的自觉性; 有积极的配合意识,对老师落实的任务有正确的认识	10	8	6	4
劳动准备 20%	学习目标明确,具有一定的创新精神; 积极准备,通过各方面努力提升实践能力; 配合同学分组安排、分工不挑拣; 方法灵活,能根据教学内容,激发自身学习兴趣	10	8	6	4
劳动过程 30%	时间安排合理,能把安全教育贯穿始终; 生产劳动中思路清晰,劳动内容熟练掌握; 生产劳动中操作规范熟练,与老师有良好的互动; 学习方法得当,劳动技能掌握充分	11～15	7～10	3～6	2

续表

指标及权重	观测点	评分等级			
		优秀	良好	一般	较差
强体效果 30%	通过生产劳动身体素质得到提高；愿意更多的时间参与到生产劳动中；在生产劳动中体现出较高的体育素养	11～15	7～10	3～6	2
总分					

知识拓展 劳动强体故事

平凡的岗位，不平凡的舞蹈

45岁的吴治蓉是贵州省凯里市炉碧工业园区的一名环卫工人，从事环卫工作已有2年多时间，一直为从事环卫工作而感到骄傲。在她看来，城市大街小巷的整洁是环卫工每天起早贪黑换来的，吴治蓉被人熟知的原因是她在工作之余拍摄的一段跳舞的短视频。她之前身体不是很好，为了让身体更加健康而开始练习舞蹈，三个月的时间成功瘦了30斤。她不仅自己跳舞，还组建了炉山梦缘健身队。健身队里的队员基本上都是当地的环卫工人，吴治蓉曾带领队员参加黔东南自治州以及贵州省组织的舞蹈比赛，并多次获奖。

吴大姐将自己手中工作的工具，变成了自己强健体魄的道具，带动身边更多的人参与到其中，这不仅增加了大家伙工作的热情，还带动大家认识到有一个健康的身体是多么重要。

没有一个长寿者是懒汉

大量的国内外事实告诉我们，劳动可以益寿延年。著名的长寿之乡广西巴马、江苏如皋，那里的百岁老人，至今都参加一些劳动，如在田野里耕作，当记者问起这些老人长寿秘诀时，他们说，劳动是他们长寿的第一因素。世界长寿之乡厄瓜多尔的比尔卡班巴村庄，人们终日在田里劳作，四肢很强健，心脏也很健康。这里，六七十岁的人还是壮劳力，八九十岁的老人下地干活非常普遍，100多岁的人生活还能自理，这都被认为是很正常的事情。正如英国谚语所说的："没有一个长寿者是懒汉。"

课后思考

一、思考题

1. 劳动对强体的范围包括哪些?

2. 劳动在强体中的作用有哪些?

3. 劳动与强体二者之间的关系是什么?

二、寻找你的榜样(分享你的故事)

通过劳动实践课对自我进行一个总结,不少于 500 字。

第五章
劳动之美无处不在

导言

  美不仅存在于自然界和艺术中，而且存在于人们的创造性劳动中。劳动创造了美。创造性生产劳动不仅生产着审美客体——为社会所欢迎的产品或服务质量，而且完善着审美主体——探求科学知识的欲望、对生产技艺精益求精的进取心、征服自然和排除困难的坚韧意志以及团结互助的集体主义精神。

  随着社会物质文明和精神文明的发展，劳动将不仅仅是作为谋生手段而存在，它会逐渐发展成为人们的生活要素，那时生产劳动过程的审美作用和审美价值将会提到一个更新的高度。在社会成员特别是在青少年中进行生产劳动的审美教育，是践行社会主义核心价值观的实际行动，是习近平新时代中国特色社会主义思想的具体展现，是培养有理想、有道德、有文化、有纪律的全面发展人才的必要途径。把生产劳动教育作为审美过程，就应该教育广大学生积极主动地去创造美，从而使自己获得美，也只有通过生产劳动，才能真正懂得美、理解美、推广美，成为德、智、体、美、劳全面发展的新时代合格大学生。

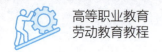

> **学习目标**

- 思想认识：新时代劳动教育是指在习近平新时代中国特色社会主义思想指导下，以塑造劳动观念、传递劳动知识、传授劳动技能、端正劳动态度和培养劳动习惯等为主要内容，旨在系统提升受教育者的劳动素质，促进其全面发展的德育活动，更是在劳动过程中让学生发现劳动的美，提升其对劳动产品的审美能力。

- 情感态度：科学地揭示美的根源在于劳动的真理性认识，并通过主观见之于客观的实践活动不断地培养审美观念、提升审美旨趣、充实审美体验。

- 能力习惯：在劳动教育中打破个别学生不会劳动、轻视劳动和缺乏劳动机会等思想禁锢，大力提升以劳育美的育人实效作用，促进立德树人根本任务的实现。

第五章
劳动之美无处不在

第一节
劳动育美教育概述

现实生活的领域是无比辽阔的，现实生活中的美也是无比丰富的。无论是在城市、乡村、企业、学校，还是在人类创造新生活的一切活动，在人与人之间的各种关系中，到处都存在着美的事物、美的现象。它时时刻刻都在陶冶着人们的心灵，愉悦着人们的精神，已成为人们生活中不可缺少的东西。现实生活中的美，不是自然物固有的属性，也不是理念的外化，而是同人类整个社会实践生产劳动活动不可分割地联系在一起的。我们必须重视现实生产劳动中美的创造，认识和掌握现实生产劳动中创造美的客观规律。只有这样，才能使现实美的创造达到自觉的境地，推动整个社会生活的美化，更好地发挥劳动在创造美、培养美中的指导作用。

一、生产劳动是社会赖以生存和发展的基础

人们在劳动中，不但可以获得满足实用需要的产品，而且还可以在精神上得到审美的愉悦，得到美的享受。因此，生产劳动也具有不可否认的审美价值。劳动为什么能给人以审美的愉悦呢？马克思在《资本论》里指出，当劳动的内容及其方式、方法能够吸引劳动者时，劳动者就可以"把劳动当作他自己体力和智力的活动来享受"。具体分析起来，这种"享受"包含以下几个方面。

第一，劳动作为一种筋肉活动，是人的生命机体本身所需要的，人在这种体力活动中，能够感受到生活的欢乐。生命在于运动，人的生命机体像其他动物一样，需要一定的活动来满足自己的运动要求。劳动像体育锻炼、游戏等一样，是使自己的机体得以活动的一种方

式。人的劳动与动物本能性活动的不同之处在于有人的智力参与。为了在对自身生活有用的形式上占有自然物质，人就要使身上的自然力——臂和腿、头和手运动起来。当通过这种运动作用于身外的自然并改变自然时，也就同时改变自身的自然。使自身的自然中沉睡着的潜力发挥出来，并且使这种力的活动受自己控制。从一般意义上说，劳动作为体力和智力的活动过程，使人们自身潜藏的能力得到发挥，本身就具有满足机体运动要求，获得某种生命自由的意义。这是从机体本身的活动中所获得的审美愉悦。

第二，劳动作为人类获得物质资源的手段，是一种具有直接功利目的的活动。当劳动过程已获得预定的劳动成果时，就能使人们得到实现功利目的的满足。这是从实用功利目的满足中所获得的愉快。

第三，在生产劳动中，由于人类不断地掌握客观事物的固有规律，人类的作为变成和目的性与规律性不断趋向统一的活动，变成发现美的尺度与按照美的规律改造世界的感性活动，即现实美创造的活动。正是这种物质实践活动，一方面不断改变了人类赖以生存的自然界的面貌，在地球表面上不断打上人类意志的印记：田野的垦殖、矿藏的开掘、动物的驯养、植物的栽培、城市的建设、道路桥梁的修筑等，构成了人类的物质文明；另一方面也改变了人类自身，不断提高了自己认识世界和改造世界的能力。人们在实践中，由于自己的才智和力量得到感性的显现，由此便会产生一种自由创造的愉悦。这是从"直观自身"中所获得的愉悦，也就是我们所要强调的审美愉悦，也是在劳动中创造美的过程。可见，生产劳动不仅使人从肌体上得到快适感，从心理上得到满足感，更使人从审美上得到愉悦感。

二、劳动生产对美育的传导

生产劳动是一种自由创造的活动，因此，劳动的过程必然孕育着美的创造。当我们看到火箭腾空、高铁飞奔的场面，或者是机器收

第五章
劳动之美无处不在

割、截流合龙的情景，都会情不自禁地感叹，这是一种创造，是一种美。"天连五岭银锄落，地动山河铁臂摇""喜看稻菽千重浪，遍地英雄下夕烟"，这正是诗人对劳动美的热情讴歌。当然，劳动场面的美，一般以自由劳动作为前提。因为在这样的劳动中，劳动者的活动才可能是自觉自愿的，而不是被迫的，他们能够发挥自己的聪明才智，进行自由创造，而不是盲目顺从，成了会说话的机器；他们的心情是轻快的、愉悦的，而不是痛苦的。与此相反，强迫驱使下所进行的劳动，其场面就不可能是美的。人类的生产劳动，是一种具体的实践活动，它由劳动主体、劳动载体、劳动对象等方面的要素组合而成，因此，劳动场面和过程的美，必然具体地表现在以下几方面。

1. 劳动主体的美

劳动主体是劳动得以形成的第一要素。他既是物质财富的创造者，又是美的生产者。在构成美的劳动场面中，劳动主体起着重要的作用。作为美的劳动主体，首先，必须有健美的体质。他们应该身体健康，英姿焕发，富有生气；而不能面黄肌瘦，有气无力，弱不禁风。其次，必须有熟练的技艺。在操作中，能够熟悉劳动对象的规律，得心应手地使用手中的工具，使劳动的各个环节达到合目的性与规律性的完美统一。如庖丁之解牛、轮扁之斫轮、匠石之运斤，做到了劳动过程的艺术化。再次，必须有高尚的职业道德。他们应该热爱自己的职业，清楚地了解自己工作的社会意义，热情而又妥善地处理好各种关系，对工作一丝不苟，对业务精益求精。人是最主要的生产力，有了劳动主体的美，才能使劳动场面焕发出激动人心的异彩。

2. 劳动工具的美

生产劳动离不开工具。几十万年以来，人类社会经历了石器时代，经历了青铜、铁器、蒸汽、电子时代，生产工具相应也发生了极为深刻的变化。任何美的工具，无论其实用功能，还是结构形式，都凝聚着人的智慧与才能，显示了人的本质力量在当时所能达到的较高水平。工具的质量不仅直接影响着生产劳动的效率,也影响着人们的审美感受和效果。匠石如果没有锋利的斧头,就不可能削尽郢人鼻端若蝇翼之白垩而鼻不伤,显示出高超完美的技艺。农民挑担时,要是没有好的扁担和箩筐,也难以给人节奏鲜明、轻快自如的美感。在工业生产线上,如果没有精准的设计,就不会有整齐划一、交替有序的韵律。总之,符合实用和审美要求的工具,无疑能给劳动场面和过程的美增添光彩。

3. 劳动环境的美

任何生产劳动都离不开环境,不论是工业劳动或农业劳动,精神生产或物质生产,都是在特定的具体环境中进行的。生产环境的美,对劳动场面及过程的美,有着直接的影响。假如在一个工作环境中,光线黑暗,空气污浊,噪音不绝于耳,工具、产品、废料狼藉满地,这样的劳动场面,就很难说有什么审美价值。任何一个生产单位都应注意劳动环境的美化。以工厂来说,不仅整个厂区应该做到整齐清洁、绿树成荫,而且车间内部也应力求空气流通、光线充足、色彩调和、通道宽敞、机器和产品安置井井有条,并尽量控制和减少噪音,工人在这样的环境里工作,即便辛苦紧张,精神仍会感到愉快,获得某种美的享受。

4. 劳动组织的美

生产劳动是一种社会性的活动。很多劳动往往是集体的,有的甚至要有成千上万的人参加。如何把广大的劳动者恰当地组织起来,使其上下一致,万众一心,既能保持高昂的战斗热情,又能紧张而有秩序地工作,这是一门很重要的领导艺术。实现中华民族伟大复兴的中国梦,根本上要靠包括工人阶级在内的全体人民的劳动、创造、奉献。要使中国梦真正同每个人的个人理想和工作生活紧密结合起来,真正落实到实际行动之中。要把广大人民群众充分调动起来,满怀信心投身于为实现中国梦而奋斗的火热实践中,形成万众一心、众志成

第五章
劳动之美无处不在

城的磅礴力量。要在全社会大力弘扬我国工人阶级的优秀品质，大力宣传劳动模范和其他典型的先进事迹，加强对广大青少年的教育，让劳动最光荣、劳动最崇高、劳动最伟大、劳动最美丽的观念蔚然成风，让全体人民进一步焕发劳动热情、释放创造潜能，通过劳动创造更加美好的生活。因此，一个生产的领导者，一定要相信群众，依靠群众，贯彻"从群众中来，到群众中去"的路线，善于把千百万群众组织起来，为了一个共同的目标，合力奋斗。特别是在当前的社会主义现代化建设过程中，更要善于组织各种劳动，展开各种合乎客观规律的劳动竞赛，充分激发群众的劳动热情与自由创造精神，投身到中国梦的缔造中去。一个领导者，还要善于"弹钢琴"，抓重点，妥善地安排劳力，调配工具，使工序得当，供销适宜，各条流水线畅通无阻，把整个劳动组织得犹如一台正常运转的机器，有板有眼，节奏鲜明。

第二节
实践案例

实践案例 1　讲座式学习

陶渊明的故事——用传统文化陶冶美的情操,去感受美

东晋末年诗人陶渊明,在归隐田园之后,长期参与农村劳动,他在劳动中充满希望,在劳动中享受愉悦,在劳动中获得无穷的乐趣。面对劳动有感而发,作下《归园田居》:"种豆南山下,草盛豆苗稀。晨兴理荒秽,带月荷锄归。道狭草木长,夕露沾我衣。衣沾不足惜,但使愿无违。"陶渊明正是通过劳动,真切地体验到了劳动之美以及田园生活之美,从而内心得到美的感受,陶冶了美的情操。

实践案例 2　活动(体验)式学习

劳动实践——在劳动中收获美的真谛,去传播美

学生在劳动的过程中,与同伴相互关心、彼此配合、团结协作,共同向着一个目标努力的积极向上的劲头,伙伴之间彼此感染,相互鼓励,同样也是一种美的传播。学生的劳动成果中也蕴含着美的因素,这是展现他们审美情趣和艺术表现力的集中体现。学生将符合美规律的作品进行展示,别人在看到他成果的时候,进而欣赏他创造的美,即完成美的传播。劳动教育不仅仅是有关劳动教育过程,同时也是发现美、感受美、创造美和传播美的过程。

第三节 评价

一、因素

评价的内容主要为学习的态度、学生的创新精神和劳动实践能力的发展情况、学生获得的认识、体验及方法技能的掌握情况和劳动过程与结果对美育的影响,让学生通过自我评价、小组评议和班级评比等手段促使学生的视野从个体转向群体,在比较中鉴别,在评比的过程中,全体学生面对美好的事物既产生美的愉悦和享受,又培养了对美的鉴赏能力。

二、参考的评价表格与量化指标

参考的评价表格与量化指标见表 5-1～表 5-3。

表 5-1 自我评价(20 分)

指标及权重	观测点	评分等级			
		优秀	良好	一般	较差
个人态度 20%	思想上主动参与性强,能端正态度,情绪饱满地参与到劳动过程中去; 能主动承担劳动任务,对老师落实的任务能正确对待	4	3	2	1
劳动准备 20%	学习目标明确,积极准备; 能主动配合同学分组安排、分工不挑拣	4	3	2	1
劳动过程 30%	能主动落实安全教育,学习内容熟练; 操作过程规范熟练,与老师能有效互动; 在学习方法上得当,技能掌握充分	6	5	3	2

续表

指标及权重	观测点	评分等级			
		优秀	良好	一般	较差
学习效果 30%	劳动成果和作品中能体现美的元素；操作或练习能按要求完成，能提高学习兴趣和学习能力，感受自我提升的愉悦与美感	6	5	3	2
总分					

表5-2 同学互评（30分）

指标及权重	观测点	评分等级			
		优秀	良好	一般	较差
劳动素养 20%	积极地参与组织活动，劳动表现积极；劳动态度端正，能自觉承担劳动任务，并能较好完成任务；能积极地配合同学，落实的任务能正确对待	4	3	2	1
劳动准备 20%	目标明确，通过各方面努力提升实践能力；能主动配合同学分组安排、分工不挑拣，能根据教学内容，调整学习方式	4	3	2	1
劳动态度 30%	劳动过程时间安排合理，思路清晰，能让安全意识贯穿始终；劳动技能学习方法得当，技能掌握充分	6	5	3	2
结果成效 30%	能在劳动成果和作品中体现美的元素；实现教学目标，提高学习兴趣与能力	6	5	3	2
总分					

表5-3 教师评价（50分）

指标及权重	观测点	评分等级			
		优秀	良好	一般	较差
个人素养 20%	能积极主动地参与和组织活动，表现积极；态度端正，情绪饱满，合作意识强；有主动承担劳动任务的自觉性；有积极的配合意识。对老师落实的任务能正确对待	10	8	6	4

续表

指标及权重	观测点	评分等级			
		优秀	良好	一般	较差
劳动准备 20%	学习目标明确,具有一定的创新精神; 积极准备,通过各方面努力提升实践能力; 配合同学分组安排、分工不挑拣; 学习方法灵活,能根据教学内容,激发自身学习兴趣	10	8	6	4
劳动过程 30%	时间安排合理,能把安全教育贯穿始终; 学习思路清晰,内容熟练; 操作规范熟练,与老师互动有效; 学习方法得当,技能掌握充分	11~15	7~10	3~6	2
育美效果 30%	能在劳动成果和作品中体现美的元素; 学生能按要求完成操作或练习从中体会到良好职业道德精神的美; 达成教学目标,提高学习兴趣和学习能力,劳动成果或作品完整具有美感	11~15	7~10	3~6	2
总分					

知识拓展

劳动育美故事

毛泽东学打草鞋

秋收起义后,毛泽东带着队伍上了井冈山。由于国民党反动派的封锁,井冈山生活十分困难。为了应对困难,毛泽东向红军指战员发出号召:没有粮,我们种;没有菜,我们栽;没有布,我们织;没有鞋,我们自己动手编!一天,毛泽东望见半山坡的一间小茅屋前坐着一位白发老汉,走近一看,老人正在打草鞋,毛泽东高兴地走上前去,笑着说:"老人家,我拜你为师来啦!"毛泽东坐在一旁仔细地向老人学习打草鞋,每个步骤、每个动作都默默地记在心里,不一会儿,一只草鞋打好了。毛泽东学会了打草鞋,又一招一式地教给身边的战士们,给大家树立了一个勤劳俭朴的好榜样。

毛泽东自力更生的榜样力量，为红军度过革命困难期注入了精神力量，更为党和人民树立了艰苦奋斗的良好美德！

愚公移山

相传很久以前，有位叫愚公的老先生，他家门口有两座大山，一座叫太行，一座叫王屋。两座山正好挡在愚公家的门口，让愚公每一天进出家里都要绕好远的路。有一天吃饭的时候，愚公对家人说："我们一起合作，把挡在门口的两座大山移开，让门口的路能够直通到外面的大路上，好不好？"儿子和孙子一听，都点头说："好呀，好呀"。他的妻子却说："不可能的，你连搬一个土丘的力气都没有，还想搬移大山！就算你搬得动，挖出来的泥土石块要扔到哪里去呢？"愚公说："那有什么困难的！我们能够丢到海里面去呀！"第二天开始，愚公和他的儿子、孙子三个人一起扛着锄头，挑着扁担，到山边开始挖。愚公的邻居京城氏和她的小儿子也来帮愚公做着移山的工作。有一个叫智叟的老先生，忍不住嘲笑他们说："愚公呀！你实在太糊涂了。你这么老了，还要去移什么山，就算搬到你死掉的那一天，也不可能把大山移开来的！"愚公听了他的话，笑笑说："你才糊涂呢！我虽然很老，我还有儿子、孙子，孙子还会再生儿子，子子孙孙一直搬下去，总有一天会把这两座山搬走，天底下哪儿有不能克服的困难呢？"愚公的精神感动了天神，天神派了两个神仙把两座山背走，放到了别的地方，不再挡在愚公家门口。"愚公移山"的故事体现了古代劳动人民精神上的劳动之美！

白求恩医生

1938年1月，白求恩来到中国，就立刻赶往抗日前线的战地医院。当时战斗激烈，条件艰苦，前线医院缺乏药品和医疗器械。

同志们都在问该怎么办，"我们自己动手干！"白求恩斩钉截铁地回答。当地的居民被动员起来，大家都忙着粉刷病房，制作简易床和工作台。夜深人静时，白求恩又伏在他那张简陋的工作台上，反复思考着，医疗药物和手术器械要由牲口驮运，怎样才能使药瓶子不会撞碎或者打翻呢？为此他熬了好几个通宵，最后画出了草图，和同志们一起制作。白求恩笑着说，一个战地医生，就应学会木匠和铁匠的手艺，这样才能根据伤员的需要改善医疗设备。很快，一种特制的简易药架子制成了，因其形状像一座桥，白求恩诙谐地称它为"卢沟桥"。

———— 课后思考

一、思考题
1. 劳动对培养美的范围包括哪些？
2. 劳动在美育中的作用有哪些？
3. 劳动与美育的关系包括哪几个方面？

二、寻找你的榜样（分享你的故事）

第六章
打铁需要自身硬

导言

完成劳动不仅要有良好的劳动态度,还要具备劳动能力。时常听到企业人员向学校反馈:学生的专业技能很好,但很多基本的劳动技术欠缺。有些学生甚至不会使用普通劳动工具,认为智能化时代,机器会替代人类劳动,简单的劳作交给机器人就行了,这样的想法显然是不对的。

> **学习目标**

- 思想认识：从思想上认识到劳动不是纸上谈兵，劳动需要技能、计划、协作和创新意识，只有端正劳动态度，才能收获，个人或者团队共同努力，才能获得劳动果实。

- 情感态度：劳动不仅仅只是依靠蛮力，更需要有强大的知识、技术储备，需要有一个积极与人合作、勤勉务实的态度，进而通过集体的力量和创造性的智慧，完成共同的理想目标。

- 能力习惯：脚踏实地学好专业技术，培养精益求精的敬业态度，通过分工协作和良好的整体安排完成纷繁复杂的工作，通过劳动实践和缜密的思考，创造新的劳动工具、新技术和新的工艺。

第一节
劳动需要能力

一、劳动能力

社会劳动多种多样。我们的衣食住行都需要由劳动者提供相关的产品和服务，这些产品或服务都是劳动的成果，比如与吃饭和穿衣相关的日常劳动，建筑工人和管道工人的职业性劳动，教师与医生的专业性劳动。每个人既需要在社会中从事职业性劳动或专业性劳动，也需要在生活中从事日常劳动。

劳动能力是指从事劳动所必需的体力和脑力等基本生理和心理条件与知识。广义的劳动能力，既包括生产、生活和服务中的一般性知识、技能和素养，也包括职业领域与专业领域中与具体工作相关的特殊知识、技能和素养。

劳动能力需要在认识和使用劳动工具、熟悉劳动过程中形成。与记忆数学公式、物理公式和化学反应方程式这类学科学习的能力不同，劳动能力不仅强调知识记忆，更强调按照预期劳动要求高效地完成任务，得到满意的产品或服务。比如，数学中用长宽高三者乘积来计算体积的公式，只有结合建筑形状与材料特征才能应用于建筑工地。一线建筑工人的劳动能力，就是将这些公式和建筑形状、材料联系起来思考和行动的能力。

即使学习了很多关于食盐的化学分子式知识，也难以掌握一道道特色菜的食盐用量；即使非常熟悉物理学杠杆原理，也无法熟练使用开垦土地的锄头。劳动能力在具体劳动中才能形成，比如在生活劳动中，要恰当地使用清洁工具，了解高压锅和电饭锅等厨房用具，包括熟悉它们的操作过程、操作规范和注意事项等，具备这些具有情景性内容的能力才能称为劳动能力。

二、劳动需要知识和技能

随着现代劳动的复杂化，知识已经成为人类劳动的基础条件，技能也成为提升劳动质量的关键因素。胜任劳动需要与时代发展相适应的知识和技能。

1. 人类劳动变得日益复杂

人类劳动复杂化过程主要受三个因素的影响，分别是生产动力更迭、职业分化扩大和生活情景复杂化。

生产动力更迭使劳动变得复杂。在远古时代，人类的生产动力主要是体力，凭借体力操作石块、木头和金属工具，当时的劳动能力是体力形式的技能。走上工业化发展道路后，人类生产依次经历水力动力、电力动力和核动力的变革。生产活动需要大量科学知识，信息化设备已逐渐成为日常必需品。如今，无论是小型操作工具，还是交通运输工具，都融入了更多的科学技术知识，使用劳动工具也就需要更多的知识和技能。以服装产业为例，以往衣服制作的所有工作由一个人承担，现在一件衣服的生产则需要经过几十道工序，由很多不同岗位的人协作完成，生产过程中涉及了大量的现代科技设备。

职业分化扩大使劳动变得复杂。在中国古代，仅有"士、农、工、商"四种不同的职业类型，而现代社会职业分类已有1000多种。《中华人民共和国职业分类大典》充分考虑我国社会转型期社会分工的特点，按照工作性质相似性为主、技能水平相似性为辅的分类原则，划分了8个大类、75个中类和434个小类，共计1481个职业。职业分化复杂化需要劳动者具有专业知识，例如，从事运输服务或者消费服务类工作的劳动者，应该具有运输知识或服务知识；从事机械生产的劳动者，既需要掌握许多物理学知识，也需要具备制造业领域的知识。

生活情景的复杂化使劳动变得复杂。生产力水平影响着生活情景,生活情景通常以生产发展带来的生活工具和生活环境作为基础。比如随着电力与电器行业的发展,我们的厨房难以离开电饭锅、电磁炉、电热水器等电器设备;随着钢铁产业和焊接技术的发展,我们住进了高楼大厦,形成了新的生活社区情景。因此,我们慢慢积累了许多家务劳动、生活劳动的新知识,掌握了许多新技能。

2. 知识是人类劳动的基础条件

现代化社会产业已经高度发展,知识已成为劳动的重要基础,要充分重视知识对劳动的重要作用。20世纪后半期人类已进入知识社会,社会中各行各业的劳动者都需要基于基础知识和专业知识开展劳动。例如,如果对家用智能电器的标识含义和电子屏幕的概念不理解,就不能完成煮饭这样简单的劳动。这种情况以后会更加普遍,移动网络时代,智能家居已经逐渐成为潮流。

现代的劳动工具十分复杂和智能,对劳动技能的要求也更高。比如我们日常使用的电动牙刷,包含了复杂的电路和电机原件,使用者除了要掌握正确的刷牙姿势,还需要掌握基本的充电技能和使用技巧。智能手机已经普及,以前的功能型手机,打电话或发短信仅需要简单的按键操作,但使用智能手机则需要使用者触屏翻阅,识别屏幕上的各种指示。安装了智能家居系统的家庭,既需要懂得智能系统的操作,也需要具备基本的维护智能设备的技能。如今,社会知识系统已经相当庞大,劳动离不开基础知识的支撑。

3. 技能是提升劳动质量的关键因素

劳动者除了应具备知识基础外,还需要掌握相应的技能或技巧,后者通常需要经过练习甚至专门培训才能形成,这对于普通劳动和专业劳动来说也不例外。比如洗衣服、叠被子的自我服务,扫地、倒垃圾和收拾房间的普通家务以及技术岗位的专业劳动,拥有技能可以更

高效地完成这些劳动任务，提高劳动质量。

通过学校军训的强化训练后，学生一分钟之内就能叠好被子，且完成的效果比以前更好。同样是技能工作者，没有经过职业培训之前通常难以满足流水线的生产效率要求，通过分岗位分技能培训后，企业生产的效率会迅速提升。第一次世界大战前，美国的制造业远远落后于德国，其后迅速追赶上来，一个重要原因就是美国召集了大批心理学家、教育学家和管理学家，深入研究一线的技能操作，广泛开展了职业教育与职业培训。其中最为著名的学者是管理学家泰勒，他的许多技能培训和岗位管理实践成为现代工业化规模生产的案例，其管理学理论迄今为止仍是学校教材的核心内容。

三、劳动需要合作

1. 合作性劳动是一种普遍而高效的劳动形式

合作性劳动是多人在生产生活中为达到共同利益和目的而合作进行的劳动。

合作性劳动满足人类群体的需求。在生产生活中有许多一个人无法独自进行的劳动，有些是因为个体的力量不够或能力不足，有些是因为劳动的内容较为复杂或技术含量高，有些则是因为群体合作能够提高效率或增加效益。所谓"众人划桨开大船"，人们需要汇集成员的力量、技能和智慧，实现群体的共同目标。同时，合作性劳动能够带来超越个体的劳动力量，能够产生"1+1＞2"的劳动效果，加快速度又能提高质量，由此增加劳动效益，创造更大的劳动价值，带来多方共赢的局面。高效率、高质量、高收益的现代生产流水线，将商品制造过程分解为一道道工序，按规定的顺序和一定的时间安排每道工序，由技术娴熟的工人专门负责每道工序的生产制造，大大提升了劳动效率。

合作性劳动能满足人际情感的需求。心理学家马斯洛需求理论中的第三层次是社交需求，就是情感和归属需求，人是群居性的动物，渴望获得美好的感情。在合作性劳动中，人与人之间发生社交联系，进而获得不同体验的个人情感。例如，与家人合作劳动，能够增加家庭成员之间的亲密感，促进家庭关系和谐；与朋辈合作劳动，能够建立美好的友情、获得深厚的友谊；与他人共同劳动解决困难问题，能够获得需要感和集体感。

合作性劳动能满足自我发展的需求。在知识上，合作性劳动能够创造成员间相互学习、取长补短的机会，能从他人身上学到知识；在能力上，合作性劳动需要周密计划、合理组织、充分沟通，避免分工不明、交流不畅等问题影响劳动进程，从而锻炼沟通交流能力、组织计划能力、团队领导能力等；在价值上，合作性劳动能充分发挥个体的体力和智力，创造出财富和价值，同时满足自身需要、他人需要和社会需要，由此实现个人价值。

2. 合作性劳动需要有序、稳定、和谐地开展

合作性劳动是劳动的重要形式之一，在日常劳动中，我们应该有序、稳定、和谐地开展合作性劳动，这样的合作性劳动能够更好地提升劳动效率和质量。在开展合作性劳动时应建立和培养合作性劳动关系，制订好合作性劳动规则和计划，并严格执行。

（1）建立合作性劳动关系。建立合作性劳动关系是开展合作性劳动的前提。进行比较繁重、无法独自完成的生产劳动时，可以寻求合作伙伴，并表明合作意向。合作者之间交流和谐、公平、自由、能够考虑到每个人的优势并合理地分工，才可取得合作性劳动的成功。因此，在建立合作关系时应持各方平等的态度，将合作关系保持在稳定而又相对平衡的位置。合作性劳动的关键目的在于实现共赢，在合作前指明合作目标及双方所得利益，可提升双方进行合作劳动的热情。

（2）制订合作性劳动规则和计划。制订合作性劳动规则和计划能够规范合作团队的行动，推动合作性劳动有序开展。首先，在制订合作规则和计划时，各方持有平等的话语权，应顾全大局，把握好各方

利益平衡点；其次，制订的规则和计划应具备一定的长远性，不仅仅局限于当前，还可以根据后续的情况动态调整，以制订具有更大合作效益的规则和计划。大家还可一起制订分工表和工作推进表，保障团队工作的有序开展，同时也能让每个人更加明晰自己的任务。

（3）执行合作性劳动规则和计划。劳动规则和计划可以保证整个团队的生产劳动有序进行。在一个积极上进、和谐融洽的团队中，每个人都会自觉遵守劳动规则、执行劳动计划、完成分内的劳动任务，过程中大家也会认真负责，积极遵守团队的契约，遇到问题时利用集体智慧解决。假若制订分工表和推进表之后，都不把它当回事，也不管自己的工作，那么最后也不会达成最初制定的目标，相互之间也会渐渐缺乏信任和交流。因此，在执行计划的过程中不仅要做好分内的任务，学会团队配合，同时也要主动挑大梁，与其他成员进行良好的沟通。

以上是开展合作性劳动的"三部曲"，积极主动建立合作关系是开展合作性劳动的第一步，制订规则和计划是保障有序、稳定展开劳动的关键，而只有大家都遵守团队的制度，做好分内工作，团队才能真正持续稳定运行。

3. 合作意识和合作精神是高效合作的基础

在合作性劳动中，合作意识与合作精神是合作能力的基础，也是团队高效完成劳动任务的助推器。合作意识与合作精神源于团队成员自觉的内心动力和已达成共识的价值观。团队成员只有拥有强烈的合作意识与合作精神，和其他成员互帮互助、共享信息与成果，才会真正快乐地投入劳动，实现最大的双赢。

（1）认识合作的重要性。认识到合作是培养合作意识和合作精神的前提，只有正确认识了合作的重要性，才会主动踏出合作的第一步。在合作性劳动中，你不是孤立无援的个人。团队中的成员是帮助你顺利完成劳动的力量，合作是促进双方共赢的手段。在合作过程中，懂得取长补短，懂得与他人沟通，懂得先人后己，才能分享他人的信息和反馈。合作是实现双赢的钥匙，学会合作能使自己更加高效地完成劳动任务。

（2）学会感受、尊重和欣赏他人。合作性劳动不能一味地肯定自己，还需要学会感受他人、尊重他人和欣赏他人。

① 在合作之中，每一个人都是独特的，他们的利益诉求、思考方式、行为习惯不可能一致。因此，我们需要换位思考，站在他人的角度感受合作，这样才能明白自己看到的事物并不一定是正确的，才能真正理解他人的所作所为。

② 团队成员的任务量不同十分常见，计较任务量的多少没有任何意义，我们需要肯定他人付出的努力和汗水，尊重他人的劳动成果，因为尊重他人就是尊重自己。

③ 人总是有一种渴望被人欣赏的愿望。真诚地欣赏他人能使其获得存在感，产生愉悦感，充满自信心。因此，在合作性劳动中，我们不妨试着欣赏他人，那么他人就会倾注更多精力，表现更加出色，从而使合作更为和谐、默契。

完成匹配之后，我们需要了解工作要求，明确职责范围，摆正心态，充分发挥自己的作用，扮演好合作中的角色。在合作性劳动中会出现特点鲜明的角色，这些角色促进了成员间的协作，推动了劳动进程，使得劳动结果尽善尽美。例如，领导者角色是团队的负责人或管理人，负责统筹协调各项工作，调动人力、物力，解决突发状况和成员矛盾，他要具备组织有力、沉着冷静、公正客观等特点，才能深受成员信赖。实干者角色一般是任务的具体完成人，负责按照分工和计划完成相应任务，能服从安排、踏实可靠，要严谨仔细、务实可靠、注重成效等。智多星角色一般是策划人或推进者，负责为方案策划提供多种可行性思路，为问题处理提供一些建设性意见，以顺利推进方案策划和任务实施，需要富有想象力和创造力，具有肯动脑筋、思维活跃、个性鲜明等特点。审议员角色一般是任务的监督人或检查人，负责督促成员保时、保质、保量地完成各自的任务，能及时指出合作中的问题和不足，需具有清醒理智、一丝不苟、追求完美等特点。

（3）领导与管理的策略。不同于独立性劳动的单打独斗，合作性劳动需要带头人指引方向，以确保合作团队不会迷失路途。根据实际情况，可以选择成为团队的管理者，或者是被管理的一员。

① 树立团队榜样　在合作团队中，管理者无疑是一面旗帜、一面镜子、一个标杆。团队成员始终关注着管理者的一举一动、一言一行，反过来管理者的言行举止也潜移默化地影响着每一位成员。试想管理者如果出言不逊、行为恶劣，团队成员怎会给予信任，抱以希望、言听计从呢？因此，想要领导和管理好团队，管理者必须以身作则，发挥榜样作用。在劳动过程中，管理者要投入饱满的热情，付出加倍的努力，高效完成任务，使团队成员见贤思齐，高效完成任务。在这一过程中，管理者办事能力和领导能力都可得到提高。

② 营造和谐环境　团队管理者除了要激发每位成员劳动热情外，还要创设机会与成长并存的和谐环境。在这种环境下，成员能够全身心投入任务，积极面对困难，充分发挥才能。因此，管理者在了解成员特点和建立互信基础之上，要为成员提供锻炼和试错的机会，搭建公平、适宜的竞争平台，还可以采取一些激励或惩罚措施，例如口头赞美、物质奖励和适当的批评等。管理者要能够综合运用各种方式营造和谐的环境，提升成员的积极性、主动性和创造性，使团队充满生机与活力。

四、劳动需要计划

计划能力是指为开展某项劳动设定目标、方法、安排与保障等计划内容的能力。要高效率、高质量地完成复杂劳动，还需要做好劳动计划，缺乏计划的复杂劳动通常是盲目与低效的。做好计划是完成复杂劳动的前提，劳动者需要重视计划能力的培养。

1. 复杂劳动的特点

复杂劳动由许多简单劳动按照一定的顺序组成，涉及许多步骤且整体持续时间较长。例如，学习制作一件精美的手工艺品，仅用一堂课的时间是不够的，一般需要数天甚至数月。即使是完成一次全方位的家庭大扫除，或许也会持续数天时间，而其他需要较多体力和脑力的生产和服务劳动更是如此。在一线管理者的周密计划下，建筑工人、桥梁工人按照蓝图，通过数月才能建造出一幢幢巍峨的高楼、一座座连绵的大桥。如果没有计划能力，不做工作计划，就难以完成复杂劳动，还可能因为遗漏重要事项，或者没有把最终目标分解为小目标分步实施，而无法取得设想中的劳动成果。

智能化时代，劳动工具日益复杂，劳动活动也变得更加复杂。复杂劳动的完成，除了需要专门的知识和技能，更需要具备计划能力，即既包括做事的能力，也包括有计划地做事的能力。现在很多劳动都是复杂劳动，需要设计蓝图，并长时间操作复杂工具。

2. 做好计划是从事复杂劳动的起点

在以体力劳动为主的社会，人们一般把手或者身体其他部位当作劳动的起点，当今知识社会则需要把做好计划作为劳动的起点。以体力劳动为主的社会，工具不发达，生产效率不高，制订劳动计划的必要性不是很大。而知识社会的劳动则需要充分调动人类的计划意识。想要更高效地获得劳动产品或者劳动服务，就需要做好劳动计划。

管理学认为计划是制定目标和达成目标所必需的行动。计划可以分为三个步骤，一是确定要追求的目标，二是确定为实现目标需要采取的路线，三是如何配置资源来实现目标。这三步最为重要的是制定目标。目标制定需要符合一定的管理规律。管理学大师彼得·德鲁克提出了目标制定的"SMART"原则，该原则包括五项内容：①明确性（specific），用语言说明具体目标，不能模棱两可；②可衡量性（measurable），以数据量化目标，明确每天要完成的事情；③可达成性（achievable），目标是可以完成的，并非一时兴起，不切实际的目标只能增加压力和挫败感；④相关性（relevant），指计划的目标与实际目标高度相关；⑤时限性（time-bound），目标要有时间限制，在规定的时间内完成，并能看到结果。

只有具备了明确的目标，达成目标的系列方法和路线，并且在时间和行动上做了安排，才能形成最终的劳动成果。这些应体现在劳动计划上。有计划的劳动能减少变化带来的冲击，也能指明方向，减少重复性和浪费性的活动。

3. 在复杂劳动过程中培养计划能力

相比简单劳动，复杂劳动对肢体动作和脑力认识的要求更高，劳动者需要具备相当高水平的知识和技能，并经过一系列劳动过程才能完成。从事复杂劳动要把制订周密的计划作为起点，然后按部就班地执行。

只有在完成复杂劳动的过程中才能更好地培养计划能力。劳动计划是对实际劳动的预测和安排，需要充分考虑劳动的变化情况。在进行复杂劳动时，劳动计划是一个动态的过程，我们先通过预测劳动结果、组织劳动过程，把最终的复杂劳动目标划分为许多过程性小目标，在达成一个个小目标并获得激励的同时，根据完成情况调整下一个阶段的目标和行动策略。"计划赶不上变化"的情况是从事复杂劳动的过程中经常发生的。在计划实施过程中总会遇到各种困难，有变数，应对的关键是根据实际情况调整劳动计划。通过有意识地学习，在实践过程中逐渐形成计划能力。

第二节
劳动需要创新

创新是一个民族进步的灵魂，是一个国家兴旺发达的不竭动力，也是中华民族最深的民族禀赋。创新性劳动是人类在劳动中不断开拓新的活动领域，不断冲破常规，不断捕捉新的机遇，不断进行创新和创造，推动人类社会不断进步的复杂过程。

"中国创造"作为一个崭新的专有名词，正在逐渐代替"中国制造"而被世界广泛认知，它体现的不是简单的体力劳动，而是更高层次的脑力创造活动。当今我国在智能终端、无人机、电子商务、云计算、互联网金融、人工智能等领域崛起了一批具有全球影响的创新型企业，技术革新推动着劳动方式的变革。

一、创造是劳动的本质

人的劳动是有意识、创新性的活动，是创造性劳动与机械性（重复）劳动的统一。在人类社会发展过程中涌现出许多创造性劳动，不同时期的创造性劳动有着不同的特点。早期的一般创造性劳动仅仅表现为劳动工具和生产方法的一般进步。工业化以来形成重大创新的创造性劳动则是重大的技术变革，为工业化的发展提供了动力源泉，同时，促进了科学理论的新突破，推动了一系列新原理、新学说的诞生和网络技术、信息技术、生物工程技术等一系列新技术的飞跃发展。

1. 创造性劳动的内涵与特征

一般认为创造性劳动的内涵可以阐述为：在创造性思维的支配下，具有科学知识和科学技术的劳动者，通过创造发明来改变人类与自然的物质交换过程，打破生产要素组合的均衡态势，形成新的劳动要素组合和新的劳动程序，使人类劳动在前所未有的程序上进行，从而加速人类物质财富和精神财富创造的生产活动。

创造性劳动的特征如下。

① 新颖性，创造性劳动的产品（包括知识与技术）过去从来没有被公开使用过或者以其他方式为公众所知。

② 价值性，创造性劳动在创造价值上表现为"乘数效应"，与一般性劳动相比对产品价值的贡献要大得多。

③ 风险性，创新意味着挑战和风险，创新与风险相伴而生，一切创新都是在战胜风险中实现的。

2. 创造性劳动的价值

（1）创造性劳动是人类进化的决定因素。人的劳动是有意识的、具有创造性的活动；动物的行为则是无意识的、本能的活动。这就决定了人有不断发展的前景，而动物则只有变化的可能。正是创造性劳动，构成了社会生产力进步的核心内容，并驱使经济和社会关系不断演变。

（2）创造性劳动是经济社会发展的主要动力。近代以来的科技革命，诱发社会分工迅速发展，又引起了社会经济生活的一系列变化。资本积累开始从货币资本积累向知识资本积累转变，科学技术的贡献率越来越大。在现代社会，有价值的创新发明，往往比货币资本更重要、更难得。我国提出建设创新型国家的战略，大力倡导"万众创新"，推进科技发展和技术创新，就是要使我国经济竞争力的内涵，从以低成本、低收入的重复性劳动为主，尽快过渡到以高收益的创造性劳动为主，避免重蹈一些发展中国家在高速增长后出现停滞和衰退的覆辙。

（3）创造性劳动是个体发展的本质追求。从客观层面来看，劳动是人类生存的手段；但从主观层面上看，人们还把它当作自己生活不可缺少的一种活动。人类社会发展必然走向以机器取代全部或大部分重复性劳动的阶段，使人类从繁重的、烦琐的体力劳动中解放出来，到那个时候劳动不再是简单的谋生手段，而是通过创造性的劳动寻求幸福的第一需要。

二、创新是劳动的未来

1. 创造性劳动无处不在

创造力是人人皆有的一种潜在的自然属性，人人都具有待开发的创造潜力。教育家陶行知先生在《创造宣言》中曾说过："处处是创造之地，天天是创造之时，人人是创造之人。"这说明创新无处不在，每个人都有创造力。创新在劳动中也是无处不在，日常生活中的劳动有创新，生产服务劳动中更有创新，创新是推动生产劳动进步的重要动力。

（1）日常生活中的创造性劳动。每个人在日常生活劳动中都会或多或少地、自觉不自觉地进行某种创造活动。日常生活中的创造性劳动最常见的表现是生活"小窍门"或者"小妙招"，它们能高效解决日常生活中遇到的不便或烦恼之处，让日常生活更方便、便捷、科学。这样的"小妙招"通常涵盖衣、食、住、行等日常生活的方方面面。比如针对家居空间中衣物、日常用品和厨房用品等物品摆放容易杂乱无序的困扰，衍生出许多家庭整理收纳的创意"小妙招"，包括衣物叠放方法，并由此衍生出衣物收纳袋等创意产品；食材的分类存放方法和相应的收纳罐创意产品等。

（2）生产服务中的创造性劳动。生产服务劳动更是蕴含着丰富的创造性劳动，正是劳动者在日常生产服务劳动中的点滴创造，汇聚成了促进产业发展和技术进步的重要推动力。生产服务劳动中的创造通常是指采用新方法、新材料、新技术和新工艺生产产品或提供服务，以达到保证质量、降低成本、保护环境、提高生产效率的目的。

基于创新、协调、绿色、开放、共享的发展理念推进农业现代化

是当前我国农业发展的主要目标。生产手段现代化、生产技术科学化、经营方式产业化、农业服务社会化等是现代农业的核心特征，而创造性劳动是现代农业生产的最佳注脚。在现代农业生产经营过程中，人们创造先进的生产工具，摸索先进的科学技术，总结先进的管理经验，并应用先进的经营体制和运行机制。增长方式的转变和生产效能的提高，都是在人的主观能动作用下得以实现的。

我国的工业整体水平有了长足的进步，但与世界先进水平仍有一定的差距。要实现工业现代化，就要在工业生产过程中不断实现机械化、自动化，采用新技术、新材料、新工艺和新科学技术成果，推动产品创新和技术革新。围绕产品创新的创造性劳动主要表现为研究开发和生产出更好的满足顾客需要的产品，使其性能更好，使用更便捷、更安全，费用更低，包含产品使用功能创新、结构创新和外观改进等等。围绕技术创新的创造性劳动则表现为工艺的革新、材料的替代和重组、装备的换代和操作方法的革新等方面。

现代服务业随着信息技术和知识经济的发展应运而生，是用现代化的新技术和新方式改造传统服务业，创造需求，引导消费，向社会提供高附加值、高层次、知识型的生产服务和生活服务的服务业。现代服务业是通过服务功能换代和服务模式创新而产生的新的服务业态。服务业的创造性劳动表现为向用户提供不同于从前的新内容，从而提升服务品质与用户满意度，包括服务理念的创新、营销方式的创新、服务技术的更新等。

（3）创造性劳动体现对"卓越创新"的精神追求。党的十九大报告中提出："建设知识型、技能型、创新型劳动者大军，弘扬劳模精神和工匠精神"。新时代"工匠精神"的基本内涵，主要包括爱岗敬业的职业精神、精益求精的品质精神、协作共进的团队精神和追求卓越的创新精神四个方面。

我国自古就有尊崇和弘扬工匠创新精神的优良传统，瓷器、丝绸、家具等精美制品和许多庞大工程所体现的工艺水平在世界上长期处于领先地位，这离不开劳动者精益求精、追求卓越创新的工匠精神。中华人民共和国成立以来，我们党带领人民在进行社会主义现代化建设的进程中，始终坚持弘扬工匠精神，无论是"两弹一星"、载人航天工程取得的辉煌成就，还是高铁、大飞机等的设计与制造，都离不开创新，离不开对工匠精神的继承与发扬。

加快建设制造强国，加快发展先进制造业，关键在于提高创新能力，而工匠精神是助推创新的重要动力。把工匠精神融入生产制造的每一个环节，敬畏职业、追求完美，才有可能实现突破创新。我们要通过弘扬工匠精神，培养劳动者追求完美、勇于创新的精神，为实施创新驱动发展战略、推动产业转型升级奠定坚实基础，从而加快建设制造强国，推动经济高质量发展。

2. 科学地开展创造性劳动

在进行创造性劳动的时候可以借鉴技术创新的一般方法，如转化、改造、移植、组合等方法。

（1）转化。转化是指根据已有的科学原理，进行技术发明和技术创新。这种技术创新方法主要是将已有的理论性的科学研究成果，转化为一定的技术原理或技术成果，将知识形态的东西转化实物形态的东西。其特点是具有明显的新颖性和创造性，常能开拓出新的技术手段和方法。

比如吸尘器的发明者，从"吹"灰尘的反向角度——"吸"灰尘思考问题，运用真空负压原理，发明了电动吸尘器，让我们的日常劳动更方便、快捷。

（2）改造。改造是指在原有技术基础上进行技术革新、技术改造，特点是其基本技术原理不变，在已有技术原理的基础上对产品的样式、外形、特性和功能，进行技术革新和改造，以研制出形态好、功能多、效率高、成本低、使用方便的新产品、新方法、新工艺、新材料。

装配式建筑是指把传统建造方式中的大量现场作业工作转移到工厂进行，将在工厂加工制作好的建筑用构件和配件（如楼板、墙板、

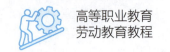

楼梯、阳台等）运输到建筑施工现场，通过可靠的连接方式在现场装配安装而成的建筑。装配式建筑主要包括预制装配式混凝土结构、钢结构、现代木结构建筑等，因为其采用标准化设计、工厂化生产、装配化施工、信息化管理、智能化应用，是现代工业化生产方式的代表。

（3）移植。移植是指把某一事物的原理、结构、方法、材料等移植到新的载体上，用以变革和创造新事物的创造技法。第二次世界大战以来，以电子计算机技术、微电子技术、通信技术、核技术、激光技术、新材料技术、空间技术、海洋技术等为主导的现代高技术群相继出现。这些高技术群不断向社会生活的各个领域进行渗透、借鉴和移植，使得社会整体技术水平取得了很大的进步和发展，从而把人类社会引入一个崭新的技术时代。

移植可以分为原理移植、结构移植、方法移植和材料移植。

原理移植是指将某种科学或技术原理移植到新的领域和载体上，例如微电子技术广泛应用于各个领域，从通信卫星、军事雷达、信息高速公路到程控电话、手机，从气象遥感到有线电视，从医疗卫生、能源、交通到环境工程、自动化生产、日常生活，从而大大促进了原有领域的发展。

结构移植是指将某种事物的结构形式和结构特征向另一个事物移植，以产生新事物的过程。比较典型的案例是将拉链结构移植到外科手术上，形成"外科拉链"技术。

方法移植是将某一领域的技术方法有意识地移植到另一领域中进行创造性运用，它在技术创新中发挥着重要的启迪和催化剂作用。例如发酵方法能使面团变得松软多孔，变成松软可口的面包。

材料移植是指工业产品通过更换材料而实现创新，达到更新产品、改善性能、节约材料、降低成本等目的。例如，传统铅笔一般用木材加工制作而成，会消耗大量的资源，环保铅笔则通过材料移植实现了产品创新与能源节约。环保铅笔以废报纸取代木材为主要的原材料，对纸张进行木化处理后，使其具备低成本、不偏芯、易卷削、防火防水且低碳环保的明显优势。

（4）组合。在当代科学技术发展到一定高度的情况下，要想发明一个替代性技术是非常困难的。这时可以综合已有的各家或各种技术之长为我所用，从而开发出新产品，保持技术领先的优势，在激烈的市场竞争中立于不败之地。

组合法就是将两种或两种以上的学说、技术、产品的一部分进行适当叠加和组合，用以形成新学说、新技术、新产品的创新思维方法。创新中的组合应满足两个条件：一是由不同的技术因素构成的具有统一结构与功能的整体；二是组合物应具有新颖性、独特性和价值性。常用的组合法有主体附加法、异物组合法、同类组合法、重组组合法等。

主体附加法又称内插式组合法，是在原有的技术思想上补充新内容、在原有的物质产品上增加新附件，从而使新得到的物品性能更强的组合方法。异物组合法通过组合将若干个事物的功能或特点汇集成一体，达到优化事物的目的，实现一物多能或一物多用的效果。同类组合法是两种或两种以上相同或相近事物的组合，其特点是参与组合的对象和组合前相比，其基本性质和结构没有根本变化，是在保持事物原有功能或意义的前提下，通过数量的变化来弥补功能上的不足或得到新的功能。重组组合法是在事物的不同层次上分解原来的组合形式，然后再以新的思想重新组合起来，其特点是改变了事物各部分之间的相互关系。

知识拓展 劳动需要能力

劳动需要思考和协作

周永和是中船重工武船集团的起重工，参与过诸多国家重点工程。他和他的团队完成了一个真正的世界级工程，即精确拼接起 40 万块反射面板。

2011 年 3 月，中国超大射电望远镜建设项目（简称 FAST）在贵州省平塘

县动工，周永和与他的团队的主要任务是保证在一年时间内将这面"大镜子"每一块面板顺利、准确、安全地安装到位。但是这个世界级大镜子的面板形状不一、种类繁多、数量也多，什么样的整体吊装模式才能够完成这项工作？经过周永和与同事们的反复讨论和实验，一个"圆规模式"的吊装方案逐渐成形。周永和作为总指导，负责安装方案的设计并不断根据实际情况改进方案，亲自到实地勘察情况并指挥安装工作。历时 270 多天，90% 的反射面板安装完毕。但是位于球面中心位置的吊装成了新难题。周永和再次进行全新而大胆的探索，2016 年 7 月 3 日，FAST 最后一块反射面板的吊装完成，并于 9 月 25 日落成启用。

一路走来，面对重重困难，周永和与他的团队没有退却，而是勇往直前，直到胜利。

劳动需要计划

2017 年 5 月 5 日，国产大飞机 C919 首飞，标志着我国成功研发和试飞了大型客机，这是我国运输工业发展史上的又一个里程碑。

在飞机的研制生产中，计划能力显得尤其重要。国产 C919 大型客机研发相关的尖端科学技术知识暂且不说，仅是发动机的装配，就是极为复杂的劳动过程。发动机由运输车上吊起安装至发动机吊挂，看上去只是简单地用几个点把发动机提起，然后在前/后安装节扣上螺丝固定，事实上这是在严密的计划方案下，国内外工程师以及技能熟练的装配人员，根据各种指令按照严密的程序逐步操作的结果。因为发动机本身就很庞大，再加上托架等器具，重量超过五吨，保持平稳是高难度工艺，前后位置多点螺栓还必须协调安装；更为艰难的是对工作精度的要求极高，现场技师、工程师与其他装配人员一起利用一切能利用的工具，全力以赴，经过三个昼夜不眠不休才把发动机这个部件安装完成。

飞机的装配工序是劳动者充分运用知识、技能和计划能力的成果。正如机械装配班组长王儒俊介绍："别看把发动机从运输车上吊起至机翼吊挂位置的距离不到一米，但我们却足足用了三个昼夜的时间。"国产 C919 大型客机的装配充分展现了各岗位劳动者的知识水平与能力水平，以及他们持之以恒执行计划的耐力。

劳动需要创新

包起帆曾是上海港务局白莲泾码头的一名普通装卸工。由于在港口货物装卸技术上取得重大突破，他先后被任命为龙吴港务公司经理、上海国际港务（集团）股份有限公司副总裁等职务，多次荣获全国"五一劳动奖章"，以及全国劳动模范、"改革先锋"等荣誉称号，夺得多个国际重要比赛奖项。

20世纪我国港口货物装卸技术相对落后，大型货物在装卸过程中常发生严重的事故，仅1981年，包起帆就目睹了三名同事死于木材的装卸。这大大激发了包起帆改进技术、解决"木老虎"问题的决心。由于学历不高，技术水平欠佳，时值26岁的他发奋考进了上海业余工业大学起重运输机械专业。历经数年的设计和实验，耗费了无数块纸板、查阅了无数份资料，最终，包起帆成功发明出"双索门机抓斗"。然而包起帆并未止步于此，他根据圆珠笔芯"一伸一缩"的运动原理，先后发明了6种不同类型的木材抓斗；受民间玩具"纸模老鼠"的启发，发明了"滑块式单索多瓣生铁抓斗"，填补了生铁装卸工具的空白。三十多年来，包起帆与同事们共同完成了130多项创新项目，被誉为"抓斗大王"。

一名普通工人之所以能成长为国际知名发明家，正是因为他对抓斗技术的深耕与创新。包起帆的奋斗故事是对创造性劳动的最佳诠释。

 课后思考

一、思考题

1. 什么是劳动能力？劳动为什么需要知识和技能？
2. 为什么要开展合作性劳动？如何开展？
3. 创造性劳动的意义？
4. 如何正确认识"中国创造"的紧迫性和重要意义？

二、寻找你的榜样（分享你的故事）

参考文献

[1] 刘叔成，夏之放，楼昔勇.美学基本原理［M］.上海：上海人民出版社，1991.

[2] 中央美术学院美术史系中国美术史教研室.中国美术简史［M］.北京：高等教育出版社，1997.

[3] 罗伯特·休斯.新艺术的震撼［M］.刘萍君，汪晴，张禾，译.上海：上海人民美术出版社，1992.

[4] 徐国庆.劳动教育［M］.北京：高等教育出版社，2020.

[5] 王吉吉.苏霍姆林斯基劳动教育对个性全面和谐发展的作用研究［D］.哈尔滨：哈尔滨师范大学，2017.

[6] 郭莹.高校劳动教育与管理研究——以广西大学和台湾东海大学为例［D］.广西：广西大学，2018.

[7] 徐溪远.新时代大学生劳动教育研究［D］.西安：西安理工大学，2017.

[8] 闫芳洁.新时代高校开展劳动教育的几点思考［J］.现代教学，2018（8AB）.

[9] 靖庆磊.劳动教育的新时代高校立德树人之维［J］.学校党建与思想教育，2020（04）.

[10] 王丽荣，卢惠璋.论新时代大学生劳动教育的价值意蕴［J］.教育探索，2020（07）.

[11] 李玉华，马心竹，罗聪.基于人的全面发展的新时代高校劳动教育研究［J］.辽宁大学学报，2020（02）.

[12] 王飞.新中国"七十年"劳动教育的成就与启示［J］.北京教育学院学报，2020（34）.

[13] 李珂.行胜于言：论劳动教育对立德树人的功能支撑［J］.教学与研究，2019（05）.

[14] 张胜男.从马克思主义视角看劳动教育如何立德树人［J］.人民论坛，2020（02）.

[15] 郭立场.让劳动教育塑造年青一代美好未来［J］.基础教育论坛，2018（30）.

[16] 任爱珍.素质教育视域下高职劳动教育探析［J］.宁波职业技术学院学报，2019（23）.

[17] 程德慧.习近平新时代劳动教育观论析［J］.职业技术教育，2020（06）.